W0369763

ESPAÑOL PRÁCTICO

edinumen

SINTAXIS
TEORÍA Y PRÁCTICA DEL ANÁLISIS ORACIONAL

2.ª EDICIÓN

EUGENIO CASCÓN MARTÍN
CATEDRÁTICO DE I.B.

Dirección Editorial: Fernando Ramos Díaz

Teléf.: 91 308 22 55
Piamonte, 7 - 28004 Madrid
Depósito Legal: M-5.795 - 2.000
I.S.B.N.: 84-85789-69-5
Tratamiento de textos, Macintosh: L. del Caz
Printed in Spain
Imprime: Gráficas Glodami
28820 Coslada (Madrid)

ÍNDICE

INTRODUCCIÓN

El aprendizaje de la sintaxis es uno de los aspectos esenciales para el conocimiento de una lengua, sobre todo si tenemos en cuenta que cuanto más profundo sea ese conocimiento, mejor y más correcto será el uso idiomático.

La impresión que se tiene a menudo es la de que esos ejercicios consistentes en realizar diagramas horizontales o arbóreos en los que se integran las palabras que conforman una oración constituyen una especie de tormento que los profesores de Lengua aplican a los alumnos, sin que ello reporte beneficio alguno a su instrucción y formación. El error estriba en creer que la asimilación de las estructuras sintácticas consiste sólo en eso, en acertar a colocar unas rayitas en su sitio aplicando unas recetas preparadas de antemano. Eso es confundir la tarea con el medio, es decir, es como si pensáramos que para construir una casa es suficiente conocer los instrumentos de albañilería y saber para qué sirve cada uno, sin tener en cuenta que son imprescindibles unos saberes de arquitectura.

Y es que la sintaxis viene a ser la arquitectura de un idioma. Con los materiales, que son sus unidades mínimas: fonemas, morfemas, palabras, etc., hemos de construir estructuras capaces de transmitir mensajes, como son las oraciones y los textos. Y si no sabemos cómo construirlas, nunca podremos llegar a hablar y escribir correctamente.

Para conseguir este fin es importante desmenuzar –analizar– secuencias lingüísticas previamente elaboradas y comprobar cuál es la función de cada elemento, qué hace ahí, cuáles son las reglas que nos dicen cómo ha sido empleado y, por ello, cómo debemos usarlo nosotros. Eso es lo fundamental y ése es el propósito, y la forma gráfica de hacerlo es lo de menos. Aquí utilizamos diagramas horizontales por su claridad, pero bien podríamos haberlo hecho sin ningún tipo de diseño gráfico, simplemente explicando la función de cada palabra, las relaciones entre ellas y el tipo de estructuras resultantes.

Orientaciones metodológicas para el estudio gramatical hay muchas, desde la Gramática Tradicional hasta la actual Pragmática Lingüística, pasando por las múltiples ramas y derivaciones del Estructuralismo y Generativismo. El método que aquí utilizamos se basa en el Funcionalismo, porque es el que nos parece más adecuado para el propósito que perseguimos y el nivel en el que nos movemos: la enseñanza secundaria.

Pretender que este método sirve para explicar y analizar cualquier tipo de construcción lingüística sería falso. Se nos escaparían, por ejemplo, buena parte de las construcciones coloquiales y poéticas –yendo a uno y otro extremo de los usos de la lengua– porque estas modalidades requieren otros mecanismos de análisis. Aquí trabajamos con secuencias que, por su corrección y fidelidad a los modelos sintácticos cultos, están en la base de todas las demás. Son, como si dijéramos, los fundamentos matemáticos del idioma, si bien hay una diferencia entre una y otra disciplina: los estudios lingüísticos no pueden constituir una ciencia exacta porque en la realización práctica, que es el habla, las formas se desvirtúan y diversifican, mientras que las matemáticas constituyen un sistema mental, abstracto, inmutable, por tanto, en sí mismo. No obstante, cuando se conocen estas secuencias modélicas, se está en posesión de los medios para poder comprender las demás variantes, cómo se producen y en qué consiste su especificidad. Es por aquí por donde hay que comenzar.

Quede claro también que nos limitamos al campo de la sintaxis oracional, no entramos en el terreno de la sintaxis del texto, sin olvidar que aquélla es un escalón previo e imprescindible para acceder a ésta.

Hemos pretendido que este libro sea algo más que un simple método de análisis. Por ello hemos incluido una explicación básica de los elementos lingüísticos que entran a formar parte de las oraciones, de sus formas, funciones, relaciones, etc. No es un estudio exhaustivo, pero creemos que sí puede otorgar unos conocimientos fundamentales que se exponen de manera progresiva, partiendo del sintagma y sus integrantes hasta llegar a la complejidad de la oración compuesta, con el apoyo de un buen número de ejercicios que permiten la aplicación de los conocimientos adquiridos, basándose en otros, resueltos, que han de servir de modelos.

En cuanto a la terminología –uno de los primeros problemas con que tropieza el estudiante de esta materia– hemos intentado que no suponga ningún obstáculo, por lo que empleamos la más tradicional y conocida y, si existe alguna denominación que pudiera resultar nueva, explicamos su significado y su equivalencia con otras. Incluimos, asimismo, un índice de las abreviaturas empleadas en los ejemplos y ejercicios de análisis. Con todo, tanto profesores como alumnos son libres de servirse los términos que les resulten más familiares, pues lo importante es saber lo que designa cada uno de ellos.

Confiamos en que este trabajo sea útil y provechoso para alguien.

E. C. M.

EL SINTAGMA

1.1 NOCIÓN DE SINTAGMA.

Como primer paso para llegar al conocimiento de la estructura oracional, hemos de detenernos en el estudio del sintagma, que es la unidad funcional dentro de la oración. Tengamos en cuenta que las diversas funciones –sujeto, predicado y sus complementos– las desempeñan sintagmas completos, no palabras aisladas. Así, el sujeto de una oración como

La hija de mi vecina es muy fina.

es *La hija de mi vecina,* no sólo *hija.*

Para definir el sintagma recurrimos a tres puntos de vista: formal, funcional y semántico.

En cuanto a la **forma**, está constituido por un núcleo, elemento regente, y una serie de modificadores o complementos que se subordinan a él. El núcleo es el único elemento que está siempre presente; es más, el sintagma puede reducirse solamente a él.

Con respecto a la **función,** tal y como hemos indicado, el sintagma actúa dentro de la oración, desempeñando una función determinada.

Finalmente, en lo que se refiere a la **semántica,** el sintagma posee un significado propio y coherente, emanado de los que poseen sus componentes y de las relaciones que mantienen entre sí. Por ello, no puede ser considerada sintagma una secuencia como *La hija de,* ya que carece sentido. No obstante, a diferencia de la oración, el sintagma no puede entenderse como unidad de comunicación, puesto que carece de lo que tradicionalmente se ha llamado «sentido completo». Para ello necesitamos relacionarlo con otros según las reglas que nos impone la sintaxis.

1.2 TIPOS DE SINTAGMAS.

Las clases de sintagmas dependen de la naturaleza del núcleo. Por ello pueden distinguirse cuatro tipos, en consonancia con las cuatro categorías de palabras plenas o lexemáticas: sustantivo, verbo, adjetivo y adverbio. En la oración que sigue tenemos una muestra de todos ellos.

El señor Nicanor se marchó muy temprano, satisfecho de su tambor.

El señor Nicanor es un sintagma nominal que, en este caso, actúa como sujeto. Su núcleo es el sustantivo *señor.*

Se marchó satisfecho de su tambor es un sintagma verbal, predicado, cuyo núcleo es el verbo, con forma pronominal, *se marchó.*

Muy temprano es un sintagma adverbial en función de complemento circunstancial. Su núcleo es el adverbio *temprano.*

Por último, *satisfecho de su tambor* es un sintagma adjetivo que tiene el núcleo en *satisfecho* y desempeña la función de complemento predicativo.

Como puede observarse, dentro del predicado suelen aparecer sintagmas de distintas clases, ejerciendo diferentes funciones.

Pasamos a continuación al estudio individualizado de cada uno de los tipos de sintagmas.

1.3 EL SINTAGMA NOMINAL (SN).

Está constituido por tres tipos de elementos: el núcleo, los determinantes y los modificadores semánticos.

1.3.1 El núcleo (N).

Esta función es desempeñada habitualmente por un **sustantivo:**

N N
Las fiestas del barrio. El rey prudente.

También puede ejercerla una palabra sustantivada, ya que la sustantivación consiste precisamente en eso, en que un vocablo que no es sustantivo actúa como si lo fuese. El elemento sustantivador por naturaleza es el artículo, pero también pueden serlo otros determinantes. No obstante, hay muchos casos de sustantivación sin determinante alguno.

La palabra que sufre este proceso con mayor frecuencia es el **adjetivo:**

N N N
El bueno, el feo y el malo.

N N
Ricos y pobres se sacaron la lengua.

N N
Lo cortés no quita lo valiente.

El **infinitivo,** al ser de algún modo el nombre del verbo, incide con facilidad en la función sustantiva:

N
Bailar es colosal.

Algunos de ellos han dado lugar a sustantivos de lengua, como es el caso de *el saber, el deber, el poder,* etc, que incluso admiten plural: *los saberes, los deberes, los poderes.*

Pero cualquier palabra puede sustantivarse.

Un **adverbio:**

N
El no rotundo de la novia.

Una **conjunción:**

N
El porqué de tus líos.

Un **verbo** en forma personal:

N N N
Soy un fue, y un será, y un es cansado. (Quevedo).

Un **numeral:**

N
El quince es la niña bonita.

Y así sucesivamente porque, además, la función metalingüística, es decir, el hecho de convertir cualquier elemento lingüístico en objeto de explicación, hace que éste se sustantive:

N
Con es una preposición.

APLICACIÓN PRÁCTICA

1.a Indica cuál es el núcleo de los siguientes sintagmas nominales y di qué clase de palabra es.

El lago azul__________ lago, sustantivo____________________

La ambición de los hombres____________________

Lo oscuro de la noche____________________

Demasiados peros____________________

Un ay estridente____________________

Un pronto muy vivo____________________

Los cuarenta principales____________________

El mirar de tus ojos____________________

El manco de Lepanto____________________

Un modesto pasar____________________

1.3.2 Pronombres y determinantes.

Los **pronombres,** al actuar como sustitutos del sustantivo o limitarse a señalar algo extratextual (función deíctica) o intratextual (función anafórica o catafórica), puesto que por sí mismos carecen de contenido conceptual, equivalen a sintagmas nominales, de los que casi siempre son el único elemento, el núcleo, por tanto.

Los **determinantes (Dt),** por su parte, preceden o, en ocasiones, siguen al núcleo y son elementos actualizadores del mismo, concretándolo, situándolo o cuantificándolo, sin aportar tampoco carga conceptual, puesto que carecen de ella. En esto se diferencian de los adjetivos calificativos.

Las formas de unos y otros coinciden en gran medida. Veamos,pues, cuáles son y las principales peculiaridades de su funcionamiento.

1.3.2.1 El artículo.

Aunque tradicionalmente se ha hablado de dos clases de artículo, el determinado y el indeterminado, es preferible considerar como tal solamente al primero, puesto que el segundo es realmente un indefinido.

Formas.

Singular: el, la, lo   Plural: los, las

Hay que tener en cuenta que el neutro no tiene plural, y que es un género que en español sólo poseen el artículo y algunos pronombres que veremos. En nuestra lengua no hay sustantivos neutros.

Función. Siempre actúa como determinante y se antepone al núcleo. También puede anteponerse a otros modificadores del núcleo: *La alegre muchacha*, o ir precedido de ellos: *Todos los días*.

Valores. Los principales son los de actualizador-reconocedor: *Pásame el libro* (sabemos de qué libro se trata); generalizador: *el agua, la gente* (en general); y sustantivador: *el negro y el blanco*.

1.3.2.2 Pronombres personales.

Formas.

		Singular	Plural
1.ª pers.	tónicos átonos	yo, mí, conmigo me	nosotros (as) nos
2.ª pers.	tónicos átonos	tú, ti, contigo, usted te	vosotros(as), ustedes. os
3.ª pers.	tónicos átonos	él, ella, ello, sí, consigo le, la, lo, se	ellos (as), sí les, las, los, se

Funciones. En primer lugar, debe evitarse la confusión entre ciertos pronombres de tercera persona y las formas del artículo. Así, **él,** como pronombre, aparte de llevar tilde, tiene carácter de núcleo, mientras que, cuando es artículo, no lleva acento y tiene función de determinante.

Pronombre: *Más tonto es **él**.*

Artículo: ***El** tonto del barrio.*

Con respecto a las formas átonas **lo, la, los, las,** sucede algo similar: cuando van solas, en función sustitutiva, son pronombres, mientras que cuando preceden al núcleo son artículos.

Pronombre: ***La** he visto; **Lo** he intentado.*

Artículo: *Es **lo** justo; **La** novia de Pepe.*

El pronombre personal es, por otro lado, la única categoría gramatical que conserva restos de la declinación latina, es decir, posee distintas formas para las distintas funciones. Así, las únicas que pueden actuar como sujeto son **yo, nosotros, tú, usted,vosotros, ustedes, él, ella, ello, ellos, ellas.** Hay que evitar, por consiguiente, atribuir dicha función a cualquiera de las otras formas.

Me, nos, te, os pueden actuar como complemento directo o indirecto. En cuanto a las formas átonas de tercera persona, **lo, la, los, las,** funcionan como complemento directo, mientras que **le, les** lo hacen como complemento indirecto. Sobre este hecho y sus desviaciones incidiremos más adelante, como también lo haremos sobre los múltiples valores de **se.** Todos ellos pueden aparecer enclíticos, es decir, unidos al verbo: **Espéra*me*, diciéndo*te*, ver*os*.**

Las demás formas actúan como término de preposición, desempeñando diversas funciones, cosa que también atañe a **usted, ustedes, él, ella, ello, ellos, ellas** cuando no son sujeto.

Valores. Aluden a las tres personas del discurso: el hablante **(yo),** el oyente **(tú),** todo lo demás (**él**). En la segunda persona, las formas **usted, ustedes** se emplean para el tratamiento de respeto.

APLICACIÓN PRÁCTICA

1.b Localiza en el texto y escribe a continuación por separado los pronombres personales tónicos, los átonos y los artículos.

–Te salva que estás curda y que no quiero disgustos de ninguna clase para los cuatro cochinos días que me quedan que estar aquí. Me sobra a mí lo que tiene que sobrarle a un hombre para ser platito de segunda mesa. A mí –se da un golpe sobre el pecho–. A mí –repite– que las he tenido rubias y morenas, castañas y negras como el carbón y he dicho nones... Pasa que tú has equivocado la vereda, macho; que no sabes lo que estás diciendo. No hace falta que a mí me des tú consejos sobre mujeres, ni me digas para allá o para acá, ni toma que te la regalo. Vales tú muy poco como hombre para que me tengas que poner a la Mari de cepo. Vales tú muy poco, Totín, para dártela de sabihondo ni de nada.

Alfonso Grosso, *La zanja*.

Pronombres tónicos ____

____

Pronombres átonos ____

____

Artículos ____

____

1.3.2.3 Los posesivos.

Formas.

		Singular	Plural
Un poseedor	1.ª pers.	mío, mía	míos, mías
	2.ª pers.	tuyo, tuya	tuyos, tuyas
	3.ª pers.	suyo, suya	suyos, suyas
Varios pos.	1.ª pers.	nuestro, nuestra	nuestros, nuestras
	2.ª pers.	vuestro, vuestra	vuestros, vuestras
	3.ª pers.	suyo, suya	suyos, suyas

Funciones. Pueden actuar como determinantes, precediendo al nombre: *Mi casa; Tu trompeta; Nuestros hijos,* o siguiéndolo: *Hijo mío; El problema tuyo.* Cuando lo preceden, las formas de un único poseedor aparecen apocopadas: **mi, tu, su, mis, tus, sus.** Cuando lo siguen, el núcleo suele ir precedido del artículo, a no ser que se trate de expresiones en primera persona con carácter afectivo y, a menudo, semiinterjectivas: *Madre mía; ¡Dios mío!; Hijo mío.*

Si son pronombres, actúan de manera autónoma y a menudo los antecede el artículo: *El mío es mejor que el vuestro,* pero no siempre: *Ese lápiz es mío.*

Valores. Establecen una relación entre uno o varios poseedores y los objetos poseídos. Dicha relación, sin embargo, no siempre implica posesión en un sentido estricto, sino que puede aludir a alguna forma de contacto, procedencia, etc.: *Mi pueblo; Mis amigos.*

1.3.2.4 Los demostrativos.

Formas

	Singular	Plural
1.ª serie	este, esta, esto	estos, estas
2.ª serie	ese, esa, eso	esos, esas
3.ª serie	aquel, aquella, aquello	aquellos, aquellas

Funciones. Actúan como determinantes cuando preceden a un nombre: *Este melón, esa sandía, aquellos melocotones.* Pueden también situarse tras el núcleo, pero entonces éste irá precedido de artículo: *El día aquel; El tipo ese.*

Cuando van aislados ejercen función de núcleo y poseen carácter pronominal: *Ésta es mi oportunidad; Díselo a aquéllos.* Recordemos que en este caso deben llevar acento, aunque, salvo en casos de ambigüedad, no es obligatorio.

Valores. Realizan una forma de señalamiento o de determinación basada en una gradación de carácter espacial o temporal, es decir, indican un grado mayor o menor de cercanía con respecto al hablante. También pueden aludir a elementos del propio texto aparecidos con anterioridad (referencia anafórica): *Está enfermo y eso no es bueno;* o que aparecen después (referencia catafórica): *Recuerda esto: no me hagas trampas.*

1.3.2.5 Los indefinidos.

Formas. Constituyen una serie extensa y poco sistematizada, pues no todos se comportan gramaticalmente de la misma manera, ni tienen los mismos caracteres formales:

unos tienen variaciones de género y número, como **mucho, poco, alguno, ninguno;** otros sólo varían en género, caso de **ambos, varios, sendos;** otros sólo en número, como **cualquiera, quienquiera;** otros son invariables, como **algo, nada, nadie.** Los más empleados son:

> uno, otro, alguno, ninguno, algo, alguien, nadie, nada, cualquiera, quienquiera, todo, mucho, poco, bastante, demasiado, ambos, varios, sendos, más, menos, demás, tanto.

Funciones. Tampoco es igual el funcionamiento de todos ellos. Muchos pueden funcionar como determinantes o como pronombres:

Pr — Pr — Dt — Dt
Unos vienen y otros van; Unos hombres vienen y otros hombres van.

Pr — Pr — Dt
Muchos lo vieron pero pocos lo dijeron; Muchas gentes lo vieron

Dt
pero pocas personas lo dijeron.

Otros, en cambio, sólo funcionan como pronombres, no pueden ser determinantes. Es el caso de **algo, alguien, nada, nadie.**

Los hay que pueden ejercer tres funciones: determinante, pronombre y adverbio:

Dt
Muchos hombres me han beneficiado.

Pr
También yo he beneficiado a muchos de ellos.

Adv
De todos modos, no he prosperado mucho.

Valores. A diferencia de los anteriores, la mención o determinación que realizan es vaga e imprecisa, no identifican a personas y cosas ni concretan cantidades. Sus valores conceptuales son, sin embargo, más acusados.

1.3.2.6 Los numerales.

Formas. Existen dos tipos:

Cardinales: uno, dos, tres, cuatro, cien, mil...

Ordinales: primero, segundo, tercero, décimo, vigésimo, trigésimo, centésimo, milésimo....

Los ordinales tienen variaciones de género y número, pero de los cardinales solamente cambian en género **uno** y los múltiplos de **cien: doscientos (as).**

Funciones. Unos y otros pueden actuar como determinantes: *Dos pesetas; Los primeros días*, y como pronombres: *Me llevo tres de los más grandes*. Los cardinales tienen categoría de sustantivos cuando son empleados como nombres de los números: *El número veinte; Cinco es una cifra muy baja*. Los ordinales suelen ir precedidos del artículo: *El segundo de los hermanos.*

Valores. Poseen carácter cuantitativo. Los cardinales indican cantidad exacta y los ordinales el puesto que ocupa alguien o algo, el número de orden.

1.3.2.7 Los relativos.

Formas.

(el, la, lo) que, (el, la, lo) cual, quien, cuyo, cuanto.

Que es en sí mismo invariable; las variaciones de género y número se las aporta el artículo, que a menudo lo precede. **Cual** tiene plural **–cuales–,** y el artículo le presta también las variantes morfemáticas. **Quien** sólo varía en número, mientras que **cuyo** y **cuanto** lo hacen en género y en número.

Funciones. Que, el cual y **quien,** como relativos, son siempre pronombres, equivalen a un sintagma nominal y desempeñan una función dentro de la estructura oracional: *El jarrón que rompí; Tenía un perro, con el cual se entretenía; Quien mal anda, tropieza.*

Cuyo es forzosamente determinante, precede siempre a un nombre: *Tengo un amigo cuyos pelos están siempre de punta.*

Cuanto puede actuar de las dos maneras y equivale a *todo lo que:*

Pr	Dt
Cuantos lo vieron lo confirman;	Cuantas personas lo vieron lo confirman.

Como veremos más adelante, los relativos, además de la función oracional de cada caso concreto, son siempre elementos de relación, introducen la proposición en la que se encuadran. También veremos que los adverbios **cuando, donde** y **como** pueden actuar como relativos.

Valores. Sustituyen a un sustantivo llamado antecedente. A veces el antecedente no está expreso y en ocasiones aparece después que el relativo, con lo que éste adquiere función catafórica. **Cuyo** tiene, además, un valor posesivo y **cuanto,** cuantitativo.

1.3.2.8 Interrogativos y exclamativos.

Formas.

qué, cuál, quién, cuánto, y los adverbios cuándo, dónde, cómo.

Son las formas de los relativos, a excepción de **cuyo** que, aunque en épocas pasadas fue interrogativo, hoy ha dejado de usarse con ese valor. Se añaden los tres adverbios citados.

Funciones. **Qué** puede ser determinante o pronombre:

Dt / Pr

¡Qué barbaridad!; ¿Qué ha pasado?

Cuál y **quién** aparecen como pronombres: *¿Cuál es el tuyo?; ¡Quién pudiera!*

Cuánto puede ser pronombre, determinante o adverbio:

Dt / Pr / Adv

¿Cuántos duros has ganado?; ¿Cuántos son?; ¡Cuánto has tardado!

Dónde, cuándo y **cómo** son siempre adverbios: *¿De dónde vienes?; ¿Cuándo has vuelto?; ¡Cómo te has puesto!*

Valores. Los interrrogativos se utilizan, como es lógico, en las oraciones inquisitivas, de petición de información, tanto directas como indirectas. Los exclamativos poseen carácter intensivo. En las preguntas retóricas se mezclan ambos aspectos.

APLICACIÓN PRÁCTICA

1.c Señala todos los pronombres y determinantes existentes en el siguiente texto –a excepción de los artículos y pronombres personales– y cópialos debajo, indicando de qué clase es cada uno.

–Dirás que qué cosas pienso tan raras, ¿no? –dijo con una risita.
Yo no contesté. La estaba mirando fijamente. Otra vez se había sentado, ahora más cerca de mi sillón.

–Esta tarde, por ejemplo, es distinta a cualquier otra y nunca se repetirá. Y cuando tú y yo seamos viejos, ni siquiera nos acordaremos. Es imposible apresar el tiempo, ¿no te parece?
–Me levanté despacio y me puse a su lado en la cama turca. Algo empezó a decir de «La náusea», un libro de Jean Paul Sartre, y todavía siguió hablando un poco y mirándose las manos sobre las rodillas, hasta que yo se las cogí.
–¿Por qué haces esto? –dijo cortándose–. Ya ayer, en el río... –¿No eres una chica sin prejuicios? –sonreí. Separó una mano y la movió en el aire con falsa naturalidad; la otra quedaba en su falda, debajo de las mías. –Claro, qué bobada, no lo digo por eso. A ver si crees que me parece una gran cosa, pero tengo curiosidad por saber qué idea tienes formada de mí.

C. Martín Gaite, *Entre visillos*.

qué (cosas), determ. interrog.; ____________________

____

____

____

____

____

____

____

____

____

____

1.3.3 Los modificadores semánticos.

Se denominan así aquellas palabras o construcciones que inciden sobre el núcleo del sintagma nominal ejerciendo una modificación semántica, puesto que, a diferencia de los determinantes, tienen valor conceptual propio. Tradicionalmente se les ha llamado complementos del nombre (CN) y son los siguientes.

1.3.3.1 El adjetivo (MAdj).

Reservamos esta denominación para el tradicionalmente llamado adjetivo calificativo, puesto que los determinativos cumplen una función adjetiva –entendiendo como tal la modificación directa del nombre– pero su influencia semántica se limita a la concreción, actualización o cuantificación. Por ello los hemos llamado determinantes.

El adjetivo tiene como función esencial modificar al sustantivo. Dicha modificación puede ejercerla directamente: *Muchacha sanota,* o a través de un verbo copulativo: *La muchacha está sanota.* La que nos interesa en este apartado es la primera, puesto que en la segunda (atributo) es núcleo de su propio sintagma.

La colocación respecto del sustantivo puede ser antepuesta o pospuesta, lo que aporta un valor intensivo o descriptivo, respectivamente:

Dt	MAdj	N	Dt	N	MAdj
Una	difícil	situación;	Una	situación	difícil.

Pospuesto, puede ir entre comas, adquiriendo entonces valor explicativo: *Los niños, alegres, corrían alrededor.*

El adjetivo modificador puede, a su vez, recibir modificadores –sobre todo cuando va pospuesto–, que serán de carácter adverbial:

Dt	N	MAdj		Dt	N	MAdj	
		MAdv	N			MAdv	N
Un	hombre	muy	fuerte;	El	artesano	más	habil.

O de carácter preposicional:

Dt	N	M Adj.	
		N	M Prp
Un	empleado	satisfecho	de su trabajo.

En ocasiones aparecen dos o más adjetivos, yuxtapuestos o coordinados entre sí, modificando a un mismo sustantivo. Este hecho se produce con más frecuencia cuando van pospuestos, pero tampoco falta en la anteposición. Puede haber, asimismo, uno antepuesto y otro pospuesto.

Dt	N	MAdj	MAdj	nx	MAdj
Una	habitación	espaciosa,	limpia	y	soleada.

Dt	MAdj	nx	MAdj	N
Un	guapo	y	apuesto	galán.

Dt	MAdj	N	MAdj
Un	hermoso	cielo	estrellado.

Hay casos en los que, debido a la facilidad de sustantivación del adjetivo, resulta difícil saber cuál es el núcleo y cuál el modificador. Lo mejor en estas ocasiones es atenerse al orden en que aparecen y considerar que el núcleo es el que va delante.

	N	MAdj		N	MAdj
Un	músico	ciego;	Un	ciego	músico.

	N	MAdj		N	MAdj
Un	pobre	portugués;	Un	portugués	pobre.

No olvidemos que en todos los casos el adjetivo debe concordar con el sustantivo núcleo en género y número.

APLICACIÓN PRÁCTICA

1.d Localiza los adjetivos existentes en el texto e indica a qué sustantivo modifican.

Allí, en medio de algunas espigas, cuyas simientes acaso trajo el aire de las eras cercanas, se columpian las amapolas con sus cuatro hojas purpúreas y descompuestas: las margaritas blancas y menudas, cuyos pétalos arrancan uno a uno los amantes, semejan copos de nieve que el calor no ha podido derretir, contrastando con los dragoncillos corales y esas estrellas de cinco rayas, amarillas e inodoras, que llaman de los muertos, las cuales crecen salpicadas en los camposantos entre las ortigas, las rosas de los espinos, los cardos silvestres y las alcachoferas puntiagudas y frondosas. Una brisa pura y agradable mueve las flores, que se balancean con lentitud, y las altas hierbas, que se inclinan y levantan a su empuje como las pequeñas olas de un mar verde y agitado.

G. A. Bécquer, *Cartas desde mi celda.*

N	MAdj	
Eras	cercanas;	______________________________

1.3.3.2 El modificador preposicional (MPrp).

Digamos, en primer lugar, que el llamado sintagma preposicional no es otra cosa que un sintagma nominal introducido por una preposición. No es, por tanto, una clase diferente de sintagma, puesto que el núcleo continúa siendo un sustantivo. No obstante, aquí seguiremos utilizando dicha denominación (SPrp) para discernir mejor las funciones.

Cuando este tipo de construcciones inciden directamente sobre un sustantivo, reciben el nombre de modificadores preposicionales y, al igual que el adjetivo, ejercen una influencia semántica sobre el núcleo.

Dado que su estructura es sintagmática, poseen también su propio núcleo, pero siempre subordinado al primero por medio de la preposición, que actúa como nexo.

N	MPrp	
	nx	N
Casita	de	chocolate;

Dt	N	MPrp	
		nx	N
Un	hombre	sin	sentimientos.

Este segundo núcleo puede llevar, a su vez, determinantes y modificadores propios, con lo que se origina un escalonamiento de modificaciones.

Dt	N	MPrp			
		nx/Dt	N	MPrp	
				nx	N
El	bastón	del	abuelo	de	Pepe

Dt	MAdj	N	MPrp					
			nx	Dt	MAdj	N	MPrp	
							nx	N
El	suave	aroma	de	los	viejos	vinos	de	reserva

Varios modificadores yuxtapuestos o coordinados pueden modificar a un mismo núcleo.

N	MPrp		MPrp		nx	MPrp	
	nx	N	nx	N		nx	N
Frutas	de	primavera,	de	verano	y	de	otoño.

APLICACIÓN PRÁCTICA

1.e Después de leer el siguiente texto, copia los sintagmas nominales que contengan algún modificador preposicional. Recuerda que el núcleo o elemento modificado ha de ser un sustantivo, pronombre o elemento sustantivado.

Las gotas de agua que se filtraban por entre las grietas de los rotos arcos y caían sobre las losas con un rumor acompasado, como el ruido de la péndola de un reloj; los gritos del búho, que graznaba refugiado bajo el nimbo de piedra de una imagen de pie aún en el hueco de un muro; el ruido de los reptiles, que, despiertos de su letargo por la tempestad, sacaban sus disformes cabezas de los agujeros donde duermen o se arrastraban por entre los jaramagos y los zarzales que crecían al pie del altar, entre las junturas de las lápidas sepulcrales que formaban el pavimento de la iglesia, todos esos extraños y misteriosos murmullos del campo, de la soledad y de la noche, llegaban perceptibles al oído del romero.

G. A. Bécquer, *El Miserere*.

	N	MPrp
Las	gotas	de agua.________________________________

____

____

____

____

____

1.3.3.3 La aposición (Apos).

Consiste en un sustantivo que modifica a otro sin preposición o enlace alguno. Como en el caso anterior, dicho sustantivo puede llevar, a su vez, determinantes y modificadores.

Se distinguen dos tipos de aposición: la especificativa y la explicativa. La primera posee un carácter descriptivo, distintivo.

Dt	N	Apos	Dt	N	Apos	Dt	N	Apos
El	obispo	Gelmírez;	El	rey	profeta;	La	mesa	camilla.

La segunda, por su parte, incide en una característica que ya posee el nombre al que modifica. Va enmarcada entre dos pausas que en la escritura se señalan con comas.

N	Apos				
	Dt	N	MPrp		
			nx	Dt	N
Pacorro,	el	jefe	de	la	pandilla

N	Apos		
	Dt	N	Apos
Martínez,	el	empleado	modelo

Como puede verse en este último ejemplo, el núcleo de la aposición puede ser una palabra sustantivada *(empleado)*, y puede haber una aposición que modifique a otra.

APLICACIÓN PRÁCTICA

1.f Localiza las aposiciones existentes en el texto y cópialas a continuación, junto con el resto del sintagma en el que se integran.

El pasado martes, día de pleno municipal, el concejal Gutiérrez dijo al alcalde, Presidente del Ayuntamiento, que no estaba dispuesto a que en los parques, pulmones de la ciudad, algunos ciudadanos, gentes sin educación, arrojaran todo tipo de desperdicios al suelo y no lo hicieran en las papeleras, lugares más apropiados, sin que los guardias, los encargados de evitarlo, se dieran por enterados.

Dt MAdj N Apos
El pasado martes, día de pleno municipal ______________________

____

____

____

____

____

1.3.3.4 Modificadores con forma oracional.

Un sustantivo puede verse modificado por dos tipos de proposiciones subordinadas: la adjetiva y la sustantiva. Dado que este tipo de estructuras las estudiaremos en el marco de la oración compuesta, nos limitaremos ahora a poner un par de ejemplos.

Adjetiva:

Dt N Sub. Adjetiva
El señor que lleva sombrero y tirantes.

La función de la subordinada es, en este caso, la de modificar al sustantivo *señor*, antecedente del relativo *que*.

Sustantiva:

N Sub. Sust.- MPrp
Deseos de hacer algo positivo.

Como puede verse, las sustantivas que modifican a un nombre van precedidas de una preposición y su función, por tanto, equivale a la de un modificador preposicional.

1.3.4 Funciones del sintagma nominal.

Son muchas las funciones que puede cumplir el sintagma nominal. Por ello realizamos seguidamente una enumeración de las mismas, si bien el estudio, reconocimiento y análisis de buena parte de ellas lo efectuaremos más adelante, al ocuparnos de la estructura de la oración.

Sujeto: El olivo da aceitunas.
S

CD
Complemento directo: Quiero un pirulí de La Habana.

CI
Complemento indirecto: Déjale la bici a tu hermano.

CC
Complemento circunstancial: Llegaré el día de tu santo.

Atr
Atributo: Esta chica es un cielo.

CPred
Complemento predicativo: Me llamo Lucas del Cigüeñal.

CAg
Complemento agente: Fue abofeteado por su suegra.

CR
Complemento regido de un verbo: Se despidió de su último duro.

MPrp
Modificador preposicional de un sustantivo: Cuchara de palo.

MPrp
Modificador preposicional de un adjetivo: Carente de recursos.

1.3.5 Análisis de sintagmas nominales.

Con lo visto hasta ahora, estamos ya en disposición de analizar cualquier sintagma nominal. No obstante, conviene recordar los pasos que deben seguirse. Tomemos para ello, a modo de ejemplo, el sintagma *Las huecas palabras de los discursos de los mítines políticos*.

Lo primero que hemos de localizar es el núcleo, elemento regente de todo el sintagma:

```
                  N
Las huecas palabras de los discursos de los mítines políticos.
```

A continuación, los determinantes y modificadores de este núcleo, que podemos llamar de primer grado:

```
Dt  MAdj    N                  MPrp
Las huecas palabras de los discursos de los mítines políticos.
```

Después, en forma escalonada, vamos señalando los componentes de estos modificadores, es decir, los de segundo grado:

```
Dt  MAdj    N                  MPrp
                    nx Dt    N             MPrp
Las huecas palabras de los discursos de los mítines políticos.
```

Luego, los componentes de los nuevos modificadores, de tercer grado, y así hasta terminar.

```
Dt  MAdj    N                  MPrp
                    nx Dt    N             MPrp
                                     nx Dt    N       MAdj
Las huecas palabras de los discursos de los mítines políticos.
```

No olvides que los pronombres equivalen a sintagmas nominales y, en caso de que tengan modificadores, es preciso señalarlos también.

```
N     MPrp
   nx Dt   N
Uno de los nuestros.
```

1.3.6 Ejercicios resueltos.

```
Dt   N          MPrp
        nx  Dt    N     MPrp
                       nx N
La gallina de los huevos de oro.
```

Dt N MPrp MPrp
nx/Dt N nx Dt N MAdj
El hombre del saco de nuestros miedos infantiles.

Observa que en este caso *de nuestros sueños infantiles* no modifica a *saco,* sino a *hombre* –incluso a *hombre del saco*– por los que lo situamos como un modificador de primer grado.

Dt N MAdj
MAdv N MPrp
nx Dt N
Un hombre enormemente satisfecho de su trabajo.

Habrás visto que en este ejemplo existe un modificador adjetivo que posee sus propios modificadores.

N Apos
Dt N MPrp
nx Dt N MAdj
Pepito Peláez, el amo de la noche algecireña.

Consideramos como núcleo el conjunto de nombre y apellido, ya que es como si se tratara de una palabra compuesta.

Dt N Apos Apos
N MPrp nx MPrp
nx N nx N
El señor Bocanegra, vendedor de amuletos y de ungüentos.

Aquí hay una aposición especificativa, *Bocanegra,* y otra explicativa, que modifica al conjunto anterior. En esta segunda aposición tenemos dos modificadores preposicionales coordinados entre sí, incidiendo, por lo tanto, en el mismo núcleo.

Dt N MAdj MAdj nx MAdj nx MAdj
MAdv N
Una persona seria, eficiente y digna, pero muy aburrida.

Lo que nos ha salido ahora son varios modificadores adjetivos, unidos por conjunciones coordinantes, modificando al mismo núcleo.

APLICACIÓN PRÁCTICA

1.g Puesto que ya sabes hacerlo, analiza ahora tú los sintagmas nominales que te proponemos.

La pipa de mi papá.

La cesta vacía.

La hermosa camarera.

Otras dos cañas.

El primer premio.

El primero de la clase.

La acogedora bolsa de los canguros.

Un tío así de alto.

La pandilla de los once.

El azul de los ojos de Edelmira.

Los doce del patíbulo.

Gentes de mal vivir.

El monicaco ese.

El tren de las penas mías.

Días de vino y rosas.

Noches de blanco satén.

Las seis hermanas de la concejala Cifuentes.

La blanca camisa de aquel hombre tan feliz.

La bonita pamela de la madre de mi novia.

Cuatro botellas de la mejor cosecha del vino de Rioja.

Lo difícil del aprendizaje de las matemáticas.

Varios señores con ojos de sueño y cara de cansancio.

Algunos ciudadanos de Astorga, de Mondoñedo y de Piedrahíta.

Rosario, la eterna novia de Popeye.

El sufrir de los pobres.

La oscura historia de la prima Montse.

Aquella foto de Pepa, mi primera novia.

El Marqués de Bradomín, un donjuán católico, feo y sentimental.

El capitán Trueno, entrañable protagonista de aventuras soñadas.

Los indios, habitantes de América, el nuevo continente.

1.4 EL SINTAGMA ADJETIVO (SAdj).

Este sintagma aparece cuando el adjetivo actúa de manera independiente, es decir, no está incluido en un sintagma nominal. Su misión continúa siendo la de modificar a un nombre, pero ahora lo hace a través de un verbo copulativo o semicopulativo, desempeñando las funciones de atributo o de complemento predicativo.

SAdj-Atr: Manuel está contento;

SAdj-CPred: Manuel sigue contento.

Su núcleo es, lógicamente, un adjetivo, que tiene que concordar en género y número con el sustantivo sujeto al que modifica. Puede recibir dos tipos de modificadores: un adverbio (MAdv) y un modificador preposicional (MPrp).

SAdj-CPred [MAdv muy] [N indignado]

El jefe se marchó muy indignado

SAdj-Atr [N harto] [MPrp [nx de] [Dt todos] [Dt sus] [N parientes]]

Camilo está harto de todos sus parientes.

El análisis del sintagma adjetivo es, pues, prácticamente como el del sintagma nominal.

APLICACIÓN PRÁCTICA

1.h Señala los sintagmas adjetivos que hay en las siguientes oraciones y analízalos.

La sopa estaba francamente buena.

La copa está llena de buen vino.

Fulgencio volvía por la tarde harto de sus múltiples quehaceres.

Eso es demasiado peligroso.

Ese hombre es apto para cualquier trabajo.

Estás loco de atar.

1.5 EL ADVERBIO Y EL SINTAGMA ADVERBIAL (SAdv).

El adverbio es una palabra invariable en cuanto a la forma (no tiene morfemas de género y número) que actúa como modificador del verbo, de un adjetivo o de otro adverbio.

En el primer caso desempeña la función de complemento circunstancial y es núcleo de su propio sintagma.

	SAdv-CC		SAdv-CC
Acabó el viaje	felizmente;	Se marchó	temprano

Como tal, puede recibir sus propios modificadores, que normalmente son otros adverbios, a los que llamaremos modificadores adverbiales (MAdv).

	SAdv-CC			SAdv-CC			SAdv-CC	
	MAdv	N		MAdv	N		N	MAdv
Vive	muy	lejos;	Llegó	demasiado	tarde;	Me voy	mañana	temprano

Puede ir precedido de preposición.

	SAdv-CC			SAdv-CC		
	nx	N		nx	MAdv	N
Andaba	por	allí;	Cayó	desde	muy	arriba.

Hemos visto cómo el adverbio puede actuar como modificador de otro adverbio. Esa misma modificación puede ejercerla sobre un adjetivo.

	SAdj-Atr	
	MAdv	N
Era	enormemente	feliz

E, incluso, sobre un sustantivo, lo que de algún modo constituye una adjetivación del adverbio.

SN				SN	
Dt	N	MAdv		N	MAdv
Un	hombre	así;	Navegaron	río	abajo.

Locuciones en cuya composición entran adverbios, como *debajo de, encima de, antes de, después de, dentro de, fuera de, delante de, detrás de, junto a,* etc. pueden ser consideradas frases prepositivas, es decir, funcionan como si se tratase de preposiciones.

	SPrep-CC				SPrep-CC	
	nx	Dt	N		nx	N
Está	encima de	la	mesa;	Ha quedado	fuera de	juego.

Hay adverbios que proceden de adjetivos, como *alto* y *bajo*. Este proceso de adverbialización es hoy un hecho frecuente con otros adjetivos, que pasan así a funcionar como CC:

		SAdv-CC			SAdv-CC
Le	pegó	duro;	Lo	has hecho	fenómeno.

APLICACIÓN PRÁCTICA

1.i Señala y analiza los sintagmas adverbiales incluidos en las siguientes oraciones.

Caminaba muy despacio.

Allí ganaré mucho más.

Lo veo allá lejos.

Eso está todavía más cerca.

Así quedará mucho mejor.

Si no quieres, tanto mejor.

Por ahí anda.

Lo ha hecho sumamente bien.

1.6 EL SINTAGMA VERBAL (SV).

El sintagma verbal ejerce siempre la función de predicado oracional y está constituido por el verbo, que es su núcleo, y una serie de sintagmas nominales, adjetivos y adverbiales que actúan como complementos. Dichos complementos son muy variados y su presencia depende de la propia naturaleza del verbo. Así, un verbo transitivo exige un complemento directo; un verbo copulativo, un atributo; una forma pasiva, un complemento agente, etc. Pero todo esto lo veremos más adelante, cuando estudiemos la estructura del predicado. Nos limitaremos ahora a aclarar algunos aspectos en torno al núcleo verbal.

1.6.1 Verbo copulativo y verbo predicativo.

Los vebos llamados copulativos (VC) -esencialmente, *ser y estar*- constituyen un elemento de unión entre el sujeto y un sintagma que lo modifica, al que llamamos **atributo.** Por ello su función no es del todo nuclear y muchos gramáticos llaman **nominal** a esta clase de predicado.

	VC	SAdj-Atr
El torno del alfarero	es	muy ligero.
S	SV - Pred	

Los verbos predicativos, por el contrario, sí constituyen el verdadero núcleo del predicado (NV) y son ellos los que reciben distintos modificadores o complementos.

	NV	CI	CD	CC
Marianito	pidió	a los Reyes	un correverás	el año pasado.
S	SV - Pred			

Un tercer grupo estaría constituido por los verbos que, sin ser copulativos por naturaleza, actúan en ocasiones como si lo fueran. Algunos, como *parecer* y *semejar*, desempeñan con mucha frecuencia esta función, pero también pueden hacerlo muchos otros. Estos verbos, con todo, no dejan de ser núcleos predicativos, puesto que el equivalente al Atributo, llamado aquí **Complemento Predicativo** (CPred), modifica no sólo al sujeto, sino también al propio verbo, que puede recibir otros complementos.

	NV	SAdj-CPred	SN-CD
El peregrino	continuó	muy alegre	su camino.
S	SV - Pred		

1.6.2 Las formas no personales.

Se denomina formas no personales del verbo a aquellas que no experimentan variación en lo que se refiere a las personas gramaticales. Se trata del infinitivo *(cantar)*, el gerundio *(cantando)* y el participio *(cantado)*.

El problema que se plantea con respecto a su funcionamiento es el de cuándo actúan como verbos y cuándo no, puesto que el infinitivo, por ejemplo, se sustantiva con tanta facilidad: *Tu mirar me fascina,* como el participio se adjetiva: *Tus cabellos despeinados*. El gerundio, por el contrario, nunca pasa a ser un adverbio, aunque a menudo cumple una función circunstancial equivalente.

La solución al problema nos la da el hecho de que, en principio, se trata de formas verbales y, por lo tanto, como tales hay que considerarlas siempre que haya algo que nos obligue a ello, es decir, siempre que tengan complementos propios de un verbo. Así, en la oración

Fumar muchos cigarrillos no es bueno

fumar ha de ser forzosamente verbo, puesto que recibe un CD, *muchos cigarrillos*. Otra cosa es que la proposición subordinada a que da lugar actúe, toda ella, como sujeto de la principal.

En cambio, si hubieramos dicho solamente

Fumar no es bueno

fumar podría ser considerado sujeto de la oración, como un sustantivo cualquiera, puesto que ningún complemento nos obliga a considerarlo núcleo de un predicado. Con todo, tampoco sería un error seguir teniéndolo por verbo, sobre todo si, como aquí, no va precedido del artículo.

Algo similar sucede con el participio. En la oración

Perseguido por la policía, el ladrón se entregó al fin.

perseguido es verbo porque sobre él incide el complemento agente *por la policía,* y da origen a una subordinada adjetiva. En cambio en

La policía atrapó al ladrón perseguido

perseguido se considera un simple adjetivo.

El gerundio, como hemos dicho, es siempre una forma verbal, puesto que nunca cambia de categoría gramatical.

Los tres funcionan, habitualmente, dentro de la oración compuesta, dando lugar a distintos tipos de subordinaciones, como veremos más adelante. No suelen aparecer en la oración simple, o en función de verbo regente, si exceptuamos expresiones exhortativas del tipo *¡A callar!*, con infinitivo, o *Andando, que se hace tarde*, con gerundio.

APLICACIÓN PRÁCTICA

1.j Localiza en el siguiente texto las formas no personales que posean valor verbal; subráyalas y cópialas a continuación (no incluyas las formas compuestas).

Valdivia trazaba planes y me urgía a cumplirlos, pero me iba ganando una lenta indolencia que borraba el tiempo y el orden de los días. Me levantaba tarde, y al despertar ya oía la máquina de escribir, y algunas veces ni siquiera salía para seguir a Walter. Me quedaba viendo películas que ya casi me sabía de memoria, me deslizaba hasta una butaca del fondo cuando ya estaba oscuro y me adormecía oyendo las músicas militares de los noticiarios, dejando para más tarde la obligación de actuar y de hacer caso a Valdivia, que tampoco hacía nada, que algunos días se pasaba horas enteras sentado frente a Rebeca Osorio, mirándola escribir. Era como si también para él se resumiera el mundo en los límites cerrados del Universal Cinema. Uno pensaba al mirarlo que incluso cuando estuviera dormido los mantendría abiertos.

A. Muñoz Molina, Beltenebros.

Anota también los infinitivos y participios que pueda considerarse que no actúan como verbos.

1.6.3 Las perífrasis verbales.

Tienen que ver con las formas no personales, puesto que éstas entran en su formación. Una perífrasis es como una forma compuesta, pero de uso ocasional y que no responde a una conjugación sistematizada. Su esquema es

Verbo auxiliar + nexo + forma no personal { -infinitivo / -gerundio / -participio }

El nexo es una preposición o la conjunción **que,** y no todas las perífrasis lo llevan.

Todo el conjunto de la perífrasis equivale a una forma verbal que sirve para manifestar determinados valores morfemáticos, bien modales, bien aspectuales.

Según la forma no personal, se establecen tres tipos: de infinitivo, de gerundio y de participio. Veamos brevemente cada uno de ellos.

Las perífrasis de infinitivo se dividen, a su vez, en dos grupos: modales y aspectuales. Las primeras están relacionadas con el modo verbal, es decir, el punto de vista del hablante respecto del enunciado, y las segundas con el morfema de aspecto, esto es, el grado de desarrollo adquirido por el proceso verbal.

Perífrasis modales:

Obligativas:

- tener que + infinitivo: *Tienes que ser buena.*
- haber que + infinitivo: *Hay que ser buena.*
- haber de + infinitivo: *Has de ser buena.*
- deber + infinitivo: *Debes ser buena.*

Dubitativas o aproximativas:

- deber de + infinitivo: *Deben de ser las seis.*
- venir a + infinitivo: *Viene a costar mil pesetas.*

No confundamos esta última con la subordinación de finalidad: *He venido a verte (para verte).*

A éstas se añaden construcciones que, aunque no están tipificadas como verdaderas perífrasis, en la práctica pueden ser consideradas como tales. Se trata de combinaciones con infinitivo de ciertos verbos, llamados modales, que significan comportamiento, deseo, intención o voluntad: *querer, saber, poder, intentar, desear, esperar (tener la esperanza), proponerse, disponerse a, procurar, pretender, pensar (tener intención), necesitar, prometer,* etc.

Quiero salir; Pienso hacerlo; No podré verte; Procuraré estar.

Perífrasis aspectuales:

Incoativas e ingresivas. Señalan el comienzo de una acción:

ir a + infinitivo: *No vayas a creértelo.*

echar a + infinitivo: *Echó a correr.*

romper a + infinitivo: *Rompió a llorar.*

comenzar a + infinitivo: *Comenzó a hablar.*

Reiterativas. Repetición de una acción.

volver a + infinitivo: *Volvió a decírselo.*

insistir en + infinitivo: *Insistió en invitarme.*

Terminativas. Acción terminada.

llegar a + infinitivo: *Por fin he llegado a saberlo.*

acabar de + infinitivo: *Acabo de verlo.*

Las perífrasis de gerundio indican, todas ellas, acción durativa o continuativa.

estar + gerundio: *Está lloviendo.*

seguir, continuar + gerundio: *Sigue andando.*

andar + gerundio: *Anda diciéndolo por ahí.*

ir + gerundio: *Ya voy recordándolo.*

venir + gerundio: *Vengo observándolo.*

Las perífrasis de participio tienen significado perfectivo.

estar + participio: *La decisión está tomada.*

llevar + participio: *Llevo estudiadas dos lecciones.*

tener + participio: *Te lo tengo dicho.*

quedar + participio: *Quedó solucionado el asunto.*

dejar + participio: *Se lo dejé encargado.*

Las formas compuestas con el verbo *haber* como auxiliar, así como las de pasiva con *ser*, son en teoría perífrasis de participio, pero constituyen un fenómeno distinto por estar sistematizadas en la conjugación.

Las perífrasis siguen siéndolo aunque se introduzcan elementos entre el auxiliar la forma no personal.

NV — NV: Rompió enseguida a llorar;

NV — NV: Estaba María regando sus flores.

Una advertencia importante: para que exista perífrasis, el verbo auxiliar y la forma no personal han de tener el mismo sujeto. Por ello no pueden ser consideradas como tales expresiones del tipo:

Le mandó volver; Le prohibió ver a la chica

porque uno es quien manda o prohíbe y otro quien vuelve o ve. En estos casos el infinitivo, con sus complementos, ha de ser analizado como complemento directo del otro verbo.

APLICACIÓN PRÁCTICA

1.k Localiza las perífrasis que hay en el texto que sigue, cópialas a continuación e indica de qué tipo es cada una.

Todo el día había estado lloviendo y ya debían de ser las cinco. Había quedado establecido que a las siete comenzarían a actuar. Sin embargo, M. seguía dándole vueltas al asunto y no estaba del todo decidido. Llegó a pensar que había que abandonar el proyecto, que todo era absurdo, pero de nuevo volvía a considerar que no se podía hacer otra cosa. «Hay que ser fuerte» —se decía a sí mismo— «debo intentarlo». No obstante, quiso asegurarse y decidió llamar por teléfono a su compañero, que por entonces debía de estar preparándose para salir, pero cuando fue a descolgar el auricular, vio que había dejado de llover y una firme decisión volvió a apoderarse de su ánimo.

LA ORACIÓN

2.1 CONCEPTO DE ORACIÓN.

Observemos este breve párrafo.

El sol está alto. La carretera se lista con las sombras de los chopos. Las hierbas de los bordes, a las que alcanzan las sombras, tienen todavía grandes gotas de rocío.

I. Aldecoa, *A ti no te enterramos.*

Se puede afirmar que todo él constituye un mensaje, pero en su interior podemos aislar tres unidades de comunicación más breves que tienen sentido completo en sí mismas. Tales unidades reciben el nombre de oraciones y son:

El sol está alto.

La carretera se lista con las sombras de los árboles.

Las hierbas de los bordes, a las que alcanzan las sombras, tienen todavía grandes gotas de rocío.

De ellas podemos deducir las características formales, funcionales y semánticas de la oración.

Formalmente la oración consta de dos elementos esenciales: un sintagma nominal en función de sujeto y un sintagma verbal, que constituye el predicado.

El sol | está alto.
SN-S | SV-Pred

La carretera | se lista con las sombras de los árboles.
SN-S | SV - Pred

Las hierbas de los bordes, a las que alcanzan las sombras, | tienen todavía grandes
SN-S | SV-Pred

gotas de rocío.
SV - Pred

Las tres pertenecen al tipo de oraciones denominadas bimembres, por estar integradas por los dos miembros básicos. Sin embargo, y como veremos más adelante, no todas son así.

En cuanto a la función, la oración se caracteriza por su independencia, es la mínima unidad sintáctica que no mantiene relaciones de dependencia ni de coordinación con respecto a otras unidades lingüísticas. Podemos observar que las tres secuencias del ejemplo cumplen este requisito: no están unidas por ningún nexo y se hallan separadas por pausas de cierta extensión. En el aspecto semántico, la oración, como hemos dicho siguiendo la definición tradicional, tiene sentido y propio y completo, es capaz de constituir un mensaje por sí misma. Cada una de las oraciones del ejemplo lo hace, si bien no hemos de olvidar que no son semánticamente ajenas unas a otras, puesto que se engloban en una unidad de orden superior, que es el párrafo.

Uniendo los tres criterios, podemos definir la oración como **la más pequeña unidad del discurso con sentido completo en sí misma, con independencia de funcionamiento sintáctico, y formalmente estructurada sobre dos miembros: sujeto y predicado.**

La defición vale tanto para la oración simple como para la compuesta, puesto que en ambos casos se trata de una única oración. La diferencia es, sobre todo, formal, y estriba en que la compuesta encierra varias estructuras oracionales, llamadas proposiciones, que actúan como si fueran sintagmas en el interior de la oración. Así, vemos que la tercera de nuestro ejemplo es una oración compuesta en la que se encuadra una proposición subordinada adjetiva *–a las que alcanzan las sombras–* que forma parte del sujeto oracional, puesto que modifica al núcleo del mismo. No obstante, en este capítulo nos referiremos fundamentalmente a la oración simple.

El principio y el final de cada oración suelen venir marcados por sendas pausas, que en la lengua escrita se manifiestan a través de signos gráficos como el punto o el punto y coma. Pero no conviene fiarse de este hecho de una manera absoluta, ya que las relaciones semánticas pueden transcender lo puramente gráfico, más si tenemos en cuenta la arbitrariedad en el uso de la puntuación que se da en la literatura actual.

APLICACIÓN PRÁCTICA

2.a En el siguiente texto separa mediante barras (/) las oraciones existentes, sean simples o compuestas.

Cuchín poco a poco se fue quedando calvo. Primero se le hicieron unas entradas grandes como bahías. Después, el tiempo lo tonsuró. Un noviembre, cuando ya contaba cuarenta y pico de años, se murió su padre. Se quedó solo con su mamá, que ya tenía el pelo blanco y brillante como un duro. Cuchín no se había casado; despreciaba a las mujeres. Era ya secretario de no se sabe qué en un Ministerio. Hacía la ronda a lo que se propuso alcanzar desde niño. La cabeza la tenía igual que el culito de una criatura.

I. Aldecoa, *Los bisoñés de don Ramón.*

2.2 ORACIONES UNIMEMBRES.

Son las que constan de un solo miembro: el predicado. Al carecer de sujeto, se denominan impersonales.

No debemos confundir el fenómeno de la impersonalidad con el llamado sujeto elíptico u omitido, ya que en este caso hay sujeto y podemos localizarlo, bien mediante la desinencia verbal –cuando se trata de la primera o de la segunda persona– bien a través del contexto. Impersonalidad, en cambio, quiere decir o bien que no hay sujeto por razones gramaticales, o bien que está indeterminado y es imposible concretarlo. Veamos, en relación con ello, los diferentes tipos de impersonalidad.

2.2.1 Ausencia de sujeto.

a) Verbos unipersonales de significado meteorológico: *llover, nevar, tronar, relampaguear,* etc.

Se trata de verbos que solamente se conjugan en tercera persona del singular y que, al referirse a hechos que suceden por causas naturales, no tienen un actor de los mismos.

Aquella mañana de invierno nevó copiosamente (Impers.)
SV - Pred

No hay que confundir estos verbos con otras construcciones que manifiestan lo mismo. Así, si decimos:

Aquella mañana de invierno cayó | mucha nieve.
SV - Pred | SN-S

tendremos un sujeto, *mucha nieve,* de un verbo que es *cayó.*

Los verbos meteorológicos pueden personalizarse mediante el lenguaje figurado. Por ejemplo en

Llovían chuzos de punta

SV-Pred SN - S

hemos ideado un sujeto para enfatizar la fuerza con que caía la lluvia.

b) Formas impersonales gramaticalizadas.

Los verbos *haber, hacer* y *ser,* cuando denotan la presencia o existencia de algo, se han inmovilizado también en la tercera persona del singular y no tienen sujeto.

Allí había muchos juguetes; Hace frío; Es de noche

SV - Pred SV-Pred SV-Pred

Las tres constan solamente de predicado, y los sintagmas nominales que acompañan a cada verbo pueden considerarse CD en los dos primeros casos, y Atributo en el tercero.

El intento de personalizar estos verbos hace que, sobre todo con *haber,* se realicen en ocasiones y en algunas zonas de España falsas concordancias de número

Allí habían muchos juguetes

con lo que *juguetes* pasaría a ser sujeto, pero se trata de una incorrección que debe evitarse. Pero peor es aún la concordancia en el morfema de persona:

Allí habíamos demasiados

lo que constituye un vulgarismo de bulto.

2.2.2 Indeterminación del sujeto.

No se trata ahora de que el sujeto no pueda existir, sino de que es ilocalizable por estar indeterminado o generalizado. En estos casos, más que de impersonalidad, debemos hablar de impersonalización.

c) Impersonales con *se*.

Entre los muchos valores que posee esta forma pronominal, y que veremos en su momento, está el de ser signo de impersonalidad.

NV

Aquí se trabaja demasiado (Impers.)

SV - Pred

Como vemos, **se** está incorporado al verbo como elemento auxiliar, y la impersonalización obedece a que se trata de un hecho generalizado, que atañe a cualquier persona que se halle en esas circunstancias.

d) Con verbos en tercera persona del plural.

El uso de la tercera persona del plural puede servir para manifestar un hecho cuyos protagonistas no están determinados, son inidentificables ya que ni siquiera el contexto nos aclara su identidad. También en estos casos podemos hablar de impersonalización. En expresiones como

Por ahí dicen que va a haber huelga.

Llaman por teléfono a D. José.

sabemos que alguien dice y alguien llama, pero, si en el contexto no se menciona a personas concretas que lo hagan, la identidad del protagonista queda sin aclarar, y no sirve decir que el sujeto es *ellos,* puesto que la tercera persona, a diferencia de la primera y la segunda, no está marcada.

e) Con formas no personales.

Es un caso similar a los anteriores, aunque es más un problema de generalización que de identificación de seres concretos. Si decimos

Hablar demasiado causa problemas

Conversando se aclaran los asuntos

constatamos que los actos de hablar y conversar atañen, en estas expresiones, a cualquier persona.

APLICACIÓN PRÁCTICA

2.b De las siguientes oraciones, indica cuáles son impersonales y, en caso de que los sean, a qué tipo de impersonalidad corresponden.

Aquel día soplaba el viento con fuerza.

____

Hace muchos años de eso.

____

Pasaron velozmente los años.

____

Aquí se está tan ricamente.

____

Por ahí te andan buscando.

____

Llovía a cántaros.

____

Por entonces ya era demasiado tarde.

____

2.3 LAS FRASES Y SU TIPOLOGÍA.

Se denomina frase a toda construcción lingüística dotada de sentido y capaz de comunicarlo por sí misma. De acuerdo con esto, las oraciones son frases, pero, en cambio, no todas las frases son oraciones en la forma.

En este apartado vamos a referirnos, precisamente, a esas construcciones que carecen de forma oracional, pero que por su independencia sintáctica y semántica actúan dentro del discurso como las propias oraciones. Podemos distinguir varios tipos.

2.3.1 Las frases hechas.

Se trata, casi siempre, de construcciones nominales que se han lexicalizado, es decir, que se conservan invariables a lo largo del tiempo y con un determinado sentido. Responden a numerosas situaciones comunicativas: cortesía, mandato y ruego, admiración, agradecimiento, promesas y juramentos, proverbios y refranes, etc:

Buenos días; ¡Manos arriba!; ¡Qué tío!; Muchas gracias; Palabra de honor; Hombre enfermo, hombre eterno.

Como puede verse, en ninguna de ellas existe verbo, no hay predicado, pero lo que aparece tampoco es sujeto. Lo que ocurre es que el uso las ha integrado en la lengua con un sentido que todos captamos, por lo que, como decíamos, funcional y comunicativamente equivalen a oraciones.

A la hora de analizarlas basta comentar este hecho y aludir a su estructura sintagmática. Se podría pensar que en muchos de estos casos hay omisión del verbo, pero, dado que no es necesario para captar su sentido y se utilizan tal y como son, es preferible olvidarnos de esa supuesta elipsis.

2.3.2 La mecánica dialogal.

La serie de preguntas y respuestas, réplicas y contrarréplicas, propia del diálogo, hace que las expresiones se reduzcan a lo estrictamente necesario para su comprensión. Aquí el contexto sí juega un papel importante, pero el análisis de la sintaxis coloquial y dialogal conlleva unos problemas, estudiados por la pragmática, que escapan al propósito de este libro. No obstante, aclaremos que dichas expresiones, siempre que tienen significado completo, equivalen funcionalmente a una oración, aunque su forma no sea la de una oración. Podemos comprobarlo en el siguiente ejemplo:

–¿Cuál de ellas es la no que desea ser madre?
–Julia.
–¡Hombre!,la cachonda de Julia.
–¡Tú, no empieces! Dime si quieres y puedes ayudar.
–¿Cuánto?
–¿También para ti?
–¿Por qué no?
–Fija la cantidad.
–Tres mil para mí.
–De acuerdo.

J. García Hortelano, *Nuevas amistades.*

Muchas de estas réplicas carecen de estructura oracional, pero funcionan y significan como si la tuvieran.

2.3.3 Los vocativos.

Este uso del sustantivo, caracterizado por la función de llamada, constituye un mensaje por sí solo y, por tanto, sintáctica y semánticamente equivale también a una oración. Si gritamos a alguien que conocemos y que acabamos de ver en la calle: *¡Pepe!*, su valor comunicativo es autosuficiente.

Ahora bien, cuando dependen de un verbo de lengua pierden su independencia y pasan a cumplir una función oracional, habitualmente la de complemento directo:

NV CD
María exclamó: ¡Pepe!
SN-S SV - Pred

Hay, sin embargo, otras posiciones del vocativo dentro de una oración en las que su función no está tan clara. Si consideramos el siguiente ejemplo

Mamá, prepárame la merienda.

parece claro que, por su posición, el vocativo *mamá* debe ser considerado como un expresión aparte, con función oracional propia, puesto que, al estar el verbo en segunda persona, el sujeto es *tú*. Sin embargo, en este otro:

No te vayas, mamá.

al ir unido a la desinencia verbal, puede considerarse una aposición al núcleo del sujeto, **tú,** aunque éste no vaya expreso.

2.3.4 Interjecciones y frases exlamativas e interrogativas.

Ya han aparecido muestras de este tipo de expresiones en algunos de los ejemplos anteriores. El funcionamiento de las interjecciones y de las frases exclamativas e interrogativas sin verbo es similar al de los vocativos: si actúan de forma autónoma, poseen valor oracional propio:

¡Ay!; ¡Qué barbaridad!; ¿Nada, verdad?

Pero si dependen de un verbo, desempeñarán una función con respecto a él, a menudo la de complemento directo:

NV CD
Manuela exclamo: ¡Ay!
SN-S SV-Pred

APLICACIÓN PRÁCTICA

2.c Copia a continuación del texto las frases sin verbo, pero con valor oracional, que encuentres en él, e indica de qué tipo es cada una.

–Mucho, Lucita. ¿Cuál es la tuya?

–La otra de más allá. Esa. Lo único, que deben de estar deshechas a estas horas.
–Como si no. Ya lo verás que pronto se rehacen.
Abrieron la tartera. Estaban las empanadas en el fondo, un poco desmigajadas.
Tito exclamó:
–¡Menudo! Verdaderas montañas de empanada. Con esto me pongo yo a cuerpo de rey.
–Ello por ello. Has tenido suerte.
–Te diré. Gracias, encanto.
–De nada, hijo mío.
–Aquí hay de todo, como en botica –comentaba Daniel.
–¿Queréis un poco?
–Quita. ¡Comer ahora!
–Tú, Daniel, te mantienes del aire –decía Lucita–. No sé cómo no estás más flaco de lo que estás.
–¿Y tú tampoco quieres, Lucita?
–No, Tito, muchas gracias.
–Las gracias a ti.

R. Sánchez Ferlosio, *El Jarama*.

2.4 EL SUJETO (S).

Sabemos ya que la oración bimembre se estructura en torno a un sujeto y un predicado. El predicado manifiesta una serie de cosas en torno a alguien o algo. Ese alguien o algo a que se refiere el predicado es lo que llamamos sujeto.

Se trata de una definición semántica y un tanto imprecisa, pero puede completarse con un rasgo formal: sujeto es el elemento que concuerda en número y persona con el núcleo del predicado, con el verbo. Este hecho se convierte así en el mejor recurso para reconocer el sujeto, como después veremos, pero antes es preciso realizar algunas consideraciones que eviten posibles errores.

a) La función de sujeto, como las demás funciones oracionales, no la desempeña solamente un sustantivo, sino un sintagma nominal completo, cuyo núcleo sería el propio sustantivo, un elemento sustantivado o un pronombre. Así en las oraciones

El abrigo de piel de doña Concha es muy llamativo

Aquel de la esquina tiene pecas

los sujetos son, respectivamente, *El abrigo de piel de doña Concha* y *Aquel de la esquina,* no solamente *abrigo* y *aquel.*

En las oraciones compuestas, como veremos, el sujeto puede ser una proposición subordinada sustantiva.

b) El sujeto no tiene por qué ser necesariamente de persona, como se tiende a creer. Así, en

A Armando le gustan las motos

el sujeto es *las motos,* mientras que *A Armando* es un CI.

c) Tampoco tiene por qué ser siempre agente del proceso verbal; puede sufrir dicho proceso, como ocurre en las oraciones pasivas y en algunas activas

El entrenador ha sido destituido.
SN - S

Don Cosme padece de la próstata.
SN - S

d) Conviene recordar, en lo que respecta a los pronombre personales, que las únicas formas que pueden actuar como sujeto son **yo, nosotros (as)** de la primera persona; **tú, vosotros (as), usted, ustedes,** de la segunda; **él, ella, ello, ellos, ellas,** de la tercera. Todas las demás cumplen funciones distintas.

e) El sujeto, en español, no lleva preposición, por lo que hemos de descartar para este papel cualquier sintagma que la lleve. Solamente hay dos excepciones:

–**Hasta,** cuyo valor al anteponerse al sujeto no es el de relacionante, sino el de elemento enfático, compartido con **aun** e **incluso:**

Hasta (incluso) un tonto lo sabría.
SN - S

–**Entre** puede aparecer en el sujeto, pero no como introductora del mismo, sino relacionando dos sintagmas que reflejan entidades que llevan a cabo conjuntamente un proceso.

Entre Micaela y su hermano se comieron el pollo.
Sujeto

f) El ejemplo anterior nos da pie para comprobar que el sujeto, como muchos otros elementos oracionales, puede estar constituido por dos o más sintagmas coordinados entre sí:

SN SN nx SN
El matador, los banderilleros y los picadores forman la cuadrilla
Sujeto

2.4.1 Reconocimiento del sujeto.

Hemos dicho anteriormente que el sujeto y el verbo concuerdan en número y persona. Por ello, la regla más segura para identificar el sujeto consiste en cambiar el número del verbo –de singular a plural o viceversa– y el elemento que se vea arrastrado a ese cambio será el sujeto.

Me apasiona esa canción. Me apasionan esas canciones.
Sujeto

Se venden estos pisos. Se vende este piso.
Sujeto

Vemos que al cambiar el número de los verbos, los sintagmas *esa canción* y *estos pisos* también han experimentado la misma variación, lo que nos muestra que son los sujetos de sus respectivas oraciones.

Esta regla puede utilizarse incluso cuando el sujeto es una proposición sustantiva, la cual deberá ser sustituida por un sintagma nominal o un pronombre neutro para poder realizar el cambio:

Es fundamental que intervenga don Julián.

Es fundamental la intervención de don Julián.

Son fundamentales las intervenciones de don Julián.
Sujeto

O bien:

Es conveniente esto.

Son convenientes estas cosas.
Sujeto

Ello nos demuestra que el sujeto que buscábamos en principio es la proposición subordinada sustantiva *que intervenga don Julián.*

Este método presenta algún inconveniente cuando tenemos un verbo copulativo que une dos sintagmas nominales, puesto que, dado que el atributo también concuerda con el sujeto, se ven obligados a cambiar ambos:

El director es mi tío. Los directores son mis tíos.

Aquella de allí es mi prima. Aquellas de allí son mis primas.

Cualquiera de ellos, en cada una de las oraciones, podría ser sujeto. Por ello, lo recomendable en estos casos es atenerse al orden lógico de los elementos oracionales y considerar, salvo en casos muy claros, que es sujeto el que aparece en primer lugar.

Tampoco sirve cuando el verbo es un infinitivo o un gerundio, puesto que no poseen morfema de número. En esos casos no queda otro remedio que recurrir a la lógica del discurso o buscarlo en el contexto.

A Pepe Luis no le parecía adecuado marcharse en aquel momento.

El sujeto de *marcharse* es *Pepe Luis,* aunque en la principal aparezca como C. I.

Cuando el sujeto está elíptico o no expreso, lo normal es que el propio contexto nos lo aclare. Una vez que lo hayamos localizado, lo colocaremos entre paréntesis junto al predicado.

Fray Gerundio fue un famoso predicador. Es el protagonista de una novela del P. Isla.

Parece claro que el sujeto de la segunda proposición es el mismo de la primera, *Fray Gerundio:*

Es el protagonista de una novela del P. Isla (Fray Gerundio)
SV - Pred S

Cuando el verbo está en primera o segunda persona, en español lo habitual es no explicitar el pronombre sujeto, puesto que la desinencia verbal nos lo aclara.

No tienes remedio (tú)
SV - Pred S

Ya hemos terminado (nosotros)
SV - Pred S

APLICACIÓN PRÁCTICA

2.d Señala el sujeto de la siguientes oraciones.

No lo sabía ninguna persona.
SN-S

No me gusta nada tu actitud.

Llegaron, por entonces, al pueblo unos cómicos.

A mí no me chilla nadie.

Se ha me caído un botón de la camisa.

Entonces se empezó a notar la ausencia de Julita.

Era el día de la boda de José.

Este año no acaba de llegar el buen tiempo.

Ayer fueron recibidos por el rey los marqueses de Rinconete.

Te están esperando abajo un señor y una señora.

No es bueno que hagas esas cosas.

Salió corriendo hasta el perro.

2.e Divide el siguiente texto en oraciones. Escríbelas a continuación por separado y señala el sujeto de cada una. Si no está expreso, búscalo en el contexto y escríbelo entre paréntesis junto al predicado.

Al Chato la Nava le llegaban los calzoncillos a las corvas. Estaba de espaldas a sus compañeros preparando su traje. Desde el omoplato derecho hasta la cintura le culebreaba una cicatriz blancuzca, con relieves de zurcimiento malo. Se volvió hacia el matador. Tenía el pecho ancho y velludo, con un lucero de canas sobre el esternón. Sostenía cuidadosamente la taleguilla entre sus manos. De sus brazos podían proliferar brazos; eran como dos ramas, largos, nudosos, fuertes y sombreadores. Las delgadas piernas, un poco zambas, parecían estar unidas de un modo artificial a los pies.

I. Aldecoa, *Los pozos.*

2.5 EL PREDICADO (Pred).

Predicado es lo que se dice del sujeto. Una vez que hemos localizado éste, el predicado es el resto de la oración.

Como quedó dicho, la función de predicado es desempeñada por un sintagma verbal, formado por el verbo, que es su núcleo, y una serie de sintagmas nominales, adjetivos y adverbiales que desempeñan las distintas funciones complementarias.

Ya quedaron expuestas la peculiaridades del núcleo, pero no olvidemos que es éste, en razón de su significado, el que impone el tipo de estructura que el predicado ha de tener y, consecuentemente, los complementos que debe llevar. Veamos cuáles son éstos.

2.5.1 El complemento directo (CD).

Llamado también **objeto directo** e **implemento,** constituye un complemento semántico de los verbos transitivos, es decir, de aquellos que tienen un significado incompleto en sí mismo, poco definido, por lo que necesitan algo que lo concrete. Si observamos, por ejemplo, la expresión

Leovigildo tiene

nos damos cuenta de que ahí falta un sintagma que complete al verbo *tener*, por ejemplo:

Leovigildo tiene unas enormes ojeras.

Ahora la oración adquiere sentido pleno merced al sintagma nominal *unas enormes ojeras,* que viene a formar una unidad semántica con el verbo. Dicho sintagma cumple, pues, la función de complemento directo.

El método más seguro para reconocer este complemento consiste en poner la oración en pasiva, voz verbal en la que el complemento directo se convierte en sujeto pasivo, mientras que el sujeto activo pasa a complemento agente.

		NV	OD
Activa:	Manuel	amaba	a Manuela.
	SN-S	SV - Pred	

		NV	CAg
Pasiva:	Manuela	era amada	por Manuel.
	SN-S	SV - Pred	

Otra fórmula es la pronominalización, es decir, la sustitución por un pronombre átono. Las formas átonas de tercera persona para la función de CD son **lo, los** en el masculino, y **la, las** en el femenino, tanto si es de persona como si es de cosa.

CD CD
Saludé a Manuel esta mañana: Lo saludé esta mañana.

CD CD
Esperaré a Manuela en la esquina: La esperaré en la esquina.

CD CD CD CD
Dame el libro y toma la carpeta: Dámelo y tómala.

Sin embargo, existen bastantes dudas y confusiones en cuanto al uso de estos pronombres. Surge el denominado **leísmo,** que consiste en la utilización de la forma **le, les** en función de CD. Cuando es masculino y de persona: *Le saludé esta mañana (a Manuel),* está tan extendido en gran parte de la Península que casi es lo habitual. Menos frecuente y más vulgar es usarlo para el femenino de persona y para cosas: *Le esperaré en la esquina (a Manuela); Dámele (el libro).* No obstante, cuando aparece en cualquiera de estos casos, hay que analizar **le** como CD, aunque el uso no sea del todo correcto:

CD CD CD
Le saludé; Le esperaré; Dámele.

Las formas átonas de primera persona para el CD son **me, nos,** y las de segunda, **te, os.** En tercera también puede serlo **se,** con los valores que veremos más adelante.

CD CD
Nadie me (nos) comprende. Todos te (os) aprecian.

CD
Marta se miró en el espejo.

Con un pronombre átono, la función de CD puede aparecer duplicada

CD CD CD CD
Me quiere a mí. A María no la he visto hoy.

En cuanto a su construcción, el complemento directo es un sintagma nominal sin preposición o precedido de **a.** No es ésta la ocasión de entrar en la compleja casuística sobre la aparición o no de la preposición, por lo que nos ceñiremos a la norma general: la lleva cuando es de persona y no la lleva cuando es de cosa (con múltiples excepciones, como cuando hay personificación de las cosas o las personas se toman en un sentido genérico, aludiendo a parentesco, profesión, etc.).

Quiero a mi novia. (CD: a mi novia)   Tengo novia. (CD: novia)

No tienen leyes. (CD: leyes)   Acusaba a las leyes de su ruina. (CD: a las leyes)

Aparte de un sintagma nominal, el CD puede ser un pronombre –átono, como hemos visto, o tónico, de cualquier clase– o en las oraciones compuestas, una proposición sustantiva.

No quiere a nadie. (CD: a nadie)   Quiere que le hagan caso. (Sub. Sust. CD: que le hagan caso)

Puede haber dos o más sintagmas o proposiciones coordinadas entre sí cumpliendo esta función.

Dame peras e higos. (CD: peras e higos — SN: peras; nx: e; SN: higos)   Quiero que observes y me lo cuentes. (CD: que observes y me lo cuentes — Sub. Sust.: que observes; nx: y; Sub. Sust.: me lo cuentes)

Como hemos dicho, los verbos que necesitan CD se llaman transitivos, denominación que se extiende a las oraciones en que se enmarcan. Los que no lo exigen, por el contrario, son intransitivos. No obstante, hay verbos transitivos usados como intransitivos y viceversa: todo depende de cómo se usen en un contexto determinado.

He comido canguingos fritos. (CD: canguingos fritos)   Transitivo

Ya he comido.   Intransitivo

APLICACIÓN PRÁCTICA

2.f Señala los complementos directos existentes en las siguientes oraciones.

Acérqueme el vinagre, por favor.

No se lo digas a nadie.

No culpes a la sociedad de tu mala suerte.

No le esperaban a usted hasta mañana.

Macario vive la vida alegremente.

He decidido que lo hagas tú.

No espero nada de nadie.

Yo he visto un burro volar y una vieja andar a gatas.

2.g Construye tú ahora dos oraciones con cada uno de los siguientes verbos, una transitiva y otra intransitiva.

____

recibir

____

____

devolver

____

____

disparar

____

____

cantar

____

____

correr

____

2.5.2 El complemento indirecto (CI).

Indica el destinatario del proceso verbal, es decir, la persona o cosa que recibe daño o provecho de dicho proceso.

Se construye con las preposiciones **a o para**.

CI

Envíe unas flores a doña Manolita.

CI

Tengo un regalo para usted.

El pronombre átono de tercera persona a través del cual se manifiesta es **le, les,** sea masculino o femenino, de persona o de cosa:

CI / CI

Le di un beso (a mi novia); Le estreché la mano (a un señor).

CI

Le rompí el asa (a la taza).

Pero también aquí hay confusiones, y así surge el **laísmo,** que consiste en utilizar **la, las** para el CI femenino:

CI

La di un beso (a mi novia).

Y el **loísmo,** empleo de **lo, los** para el CI masculino:

CI

Lo estreché la mano (a un señor).

Ambos corresponden a algunas zonas del centro de la Península y resultan un tanto vulgares, sobre todo el segundo, pero la función hay que señalarla, si aparecen, como CI.

En primera persona los pronombres átonos correspondientes son, como en el caso del CD, **me, nos,** y en segunda, **te** y **os.** En tercera también aparece **se,** con distintos valores, como también se verá.

CI / CI / CI

Me (nos) lo dijo. Te (os) lo prepararé. Se lo enseñó

También en este complemento existen duplicaciones con pronombres átonos.

CI CI / CI CI

Dímelo a mí también; A Fermín le duele el dedo gordo.

Puede aparecer con cualquier tipo de verbos: copulativos, transitivos, intransitivos, pasivos, etc. No precisa la presencia previa de un CD:

CI
Se le rió en sus barbas.

y permanece inalterado en las transformaciones pasivas:

CI
Yo vendí aquel cuadro a don Santiago

CI
Aquel cuadro fue vendido por mí a don Santiago.

Por tanto, la única forma de reconocerlo es realizar la sustitución correcta por el pronombre **le, les,** o bien recurrir a la vieja pregunta «¿a (para) quién?». No obstante, no hay que confundir el CI con el CC de finalidad, que indica el «para qué», no el «para quién».

CI CC
Esa cesta es para Lucía; Esa cesta es para fruta (para meter fruta).

La función de CI puede ser desempeñada,en las oraciones compuestas, por una proposición sustantiva encabezada por un relativo sin antecedente.

Sub. Sust. CI
Se hace público para quienes estén interesados en acudir.

Como en los casos anteriores, puede haber elementos coordinados desempeñando esta función.

CI
SPrp nx SPrp
No es para ti, sino para mí.

APLICACIÓN PRÁCTICA

2.h Señala los complementos indirectos de las siguientes oraciones.

Da la medicina al enfermo.

Dile a Laura que la quiero.

Nadie quiere decirme nada.

A ti te falta un tornillo.

A quien Dios se la dé, San Pedro se la bendiga.

Diga a Fernández, a Hernández y a Sánchez que les espero a las ocho en mi despacho.

Pídeselo a don Fulgencio, que él te lo dará.

No la hace ni caso.

2.i En las siguientes oraciones, indica si el sintagma señalado es CD o CI.

Siga a ese taxi

Me divierten tus tonterías.

Saluda a tus padres de mi parte.

No he conseguido convencerte.

Golpéale en la nariz.

2.j Corrige el uso de los pronombre átonos de acuerdo con la función que cumplen en cada caso, poniendo entre paréntesis la forma correcta. Indica cuál es dicha función (CD o CI). Te advertimos que algunos están bien utilizados, en cuyo caso no debes poner nada en el paréntesis.

CI

Dilas (les) que me esperen.

A ése mírale (   ) a la cara.

Si tiene el último disco de Mecano, déjamele (   ).

A Remigio hace muchos días que no lo (   ) veo.

Señor García, le (   ) llaman por teléfono.

A ese niño hay que darlo (   ) unos azotes.

A usted, señorita, la (   ) seguiría hasta el fin del mundo.

A esa niña la (   ) han hecho daño.

2.5.3 Los complementos circunstanciales (CC).

Denotan las diversas circunstancias que atañen al desarrollo del proceso verbal. Su clasificación semántica es muy variada: lugar, modo, tiempo, causa, instrumento, finalidad, concesión, compañía, etc., y a veces no son fáciles de precisar. Sin embargo, al realizar un análisis basta con señalar la función (CC), sin especificar la clase, pues ésta, como hemos dicho, responde a criterios semánticos, no sintácticos.

Esta función puede ser desempeñada por diversos tipos de estructuras. En primer lugar, el adverbio, núcleo en este caso de su propio sintagma:

Hemos llegado demasiado temprano [SAdv-CC]; Lo has hecho muy bien [SAdv -CC].

Después, un sintagma nominal con preposición (SPrp) o sin ella:

He venido en autobús [SPrp-CC]; He tardado dos horas [SN-CC].

Finalmente, en las oraciones compuestas desempeñan esta función las subordinadas adverbiales:

Iré cuando me lo permitan mis asuntos [Sub. Adv. de tiempo].

Lo he hecho como tú me habías dicho [Sub. Adv. de modo].

El adjetivo no actúa como complemento circunstancial, a no ser que esté adverbializado, definitiva u ocasionalmente:

Ven rápido (CC); Lo ha hecho fenómeno (CC).

Aparecen con todo tipo de verbos y su número no está limitado:

Esas dos semanas (CC) me lo pasé estupendamente (CC) en Sevilla (CC) a pesar de la Expo (CC).

El complemento negativo (CNg) no es exactamente un circunstacial, pues lo que hace es establecer un tipo especial de relación entre sujeto y predicado.

Paqui no (CNg) viene esta tarde.

Otro tanto se puede decir del de afirmación (CAf).

Seguro que sí (CAf) quiere.

APLICACIÓN PRÁCTICA

2.k Señala los complementos circunstaciales de las siguientes oraciones.

Reanudaron la marcha enseguida, aquella misma noche, en silencio.

La ventana se abría tristemente a un muro y a un jirón de nube.

Por suerte, en aquel momento entró por la puerta Ildefonsa.

Pepe siempre ha servido igual para un roto que para un descosido.

Se comió golosamente y sin tardanza el bocadillo de mortadela.

2.5.4 El complemento regido (CR).

También llamado suplemento, complemento suplementario y modificador preposicional del verbo, es un complemento que exigen determinados verbos para llenar su significado. Si observamos el siguiente ejemplo:

Braulio carece

vemos que ahí falta algo, que el verbo *carecer* nos pide a gritos que lo completemos, y eso tendremos que hacerlo mediante un sintagma nominal precedido de la preposición que nos exige el propio verbo, en este caso *de:*

Braulio carece de dinero. (CR: de dinero)

Así pues, en lo que respecta a la complementación del verbo, el complemento regido es similar al complemento directo, por lo que hay autores que hablan de transitividad preposicional. Sin embargo, tanto la forma como la función sintáctica son diferentes, puesto que puede ir precedido de diversas preposiciones, la que pide cada verbo: *prescindir de..., pensar en..., jugar a...* Por otra parte, no admite la transformación pasiva ni la sustitución por un pronombre átono, sino por un pronombre tónico precedido de preposición.

Recogió la mercancía; La recogió (CD: la mercancía; CD: La)

Carece de dinero; Carece de ello. (CR: de dinero; CR: de ello)

Los complementos directo y regido no suelen coincidir en una misma oración, pero pueden hacerlo:

El ladrón despojó al viajero de sus pertenencias. (CD: al viajero; CR: de sus pertenencias)

Por la forma puede ser confundido con el complemento circunstancial pero su función es diferente, ya que este último no afecta al significado del verbo, mientras que el complemento regido sí. El siguiente ejemplo nos permite observar la diferencia:

Rodrigo piensa en su habitación.

Si lo que queremos decir es que «piensa cuando está en su habitación», se trata sólo de una circunstancia de lugar. Sin embargo, si la interpretación es que «tiene en su mente la imagen de su habitación», hemos de considerarlo una ampliación semántica del verbo *pensar*, régimen, por tanto, del propio verbo. No obstante, hay casos que se prestan a confusión.

Este complemento es muy frecuente con verbos pronominales –que se conjugan con los pronombre **me, te, se–:** *arrepentirse de..., avergonzarse de..., olvidarse de..., despedirse de...* Algunos de ellos llevan complemento regido cuando tienen forma preposicional, y directo cuando no la tienen:

Se despidió [de su amiga]CR; Despidió [a su secretaria]CD.

Se olvidó [del encargo]CR; Olvidó [los papeles]CD.

Esta función también puede ser desempeñada por una proposición sustantiva en oraciones compuestas:

Se dedicaba [a criticar a su antigua amiga]Sub. Sust. - CR.

APLICACIÓN PRÁCTICA

2.1 Señala, en las siguientes oraciones, los complementos regidos, los directos y los circunstanciales.

Marianito se jactaba [de su molla]CR [en la escuela]CC.

Mañana hablaré de tu asunto con don Felipe.

El público silbó a los jugadores por su desidia.

El coronel aspiraba por entonces al generalato.

El libro trata un problema social, pero no trata de política.

Refirió los hechos sin referirse a los detalles más escabrosos.

Al baloncesto se juega con una pelota gorda.

Por empeñarse en aquel negocio tuvo que empeñar su hacienda.

Me limitaré a contar los hechos con toda claridad.

Insistió con vehemencia en sus argumentos.

2.5.5 El complemento agente (CAg).

Este complemento aparece en las oraciones pasivas y su nombre obedece a que es el ejecutante del proceso verbal.

En él se convierte el sujeto activo cuando se realiza una transformación pasiva, cosa que solamente puede hacerse con los verbos transitivos:

	NV	CD		NV	CAg
Bartolo	toca	la flauta;	La flauta	es tocada	por Bartolo.
SN-S	SV - Pred		SN-S	SV - Pred	

Habitualmente se construye con la preposición **por,** pero también puede ir introducido por **de:**

	CAg
El lunes siempre va seguido	del martes.

En las oraciones compuestas la función de complemento agente puede ser desempeñada por una proposición de relativo sustantivada:

	Sub. Sust. - CAg
El país era gobernado	por quienes habían obtenido más votos.

APLICACIÓN PRÁCTICA

2.m Transforma en pasivas las siguientes oraciones y señala el complemento agente.

Don Rodrigo perdió la batalla del Guadalete.

____

Ningún ratón le puso el cascabel al gato.

____

El barbero Filiberto afeitaba cuidadosamente a los señores.

____

San Cristóbal protege a los conductores prudentes.

____

2.5.6 El atributo (Atr).

Es un modificador del sujeto a través de un verbo, llamado copulativo, que actúa como elemento de unión entre ambos. Es bastante frecuende denominarlo complemento predicativo, pero aquí creemos preferible reservar este nombre para la función que después veremos pues, aunque son similares, hay matices diferenciadores.

Se trata de una función típicamente adjetiva que resulta de dar forma declarativa a un sintagma nominal:

Dt	MAdj	N	MPrp		VC	Atr
La	alegre	vida	de Pedro;	La vida de Pedro	es	alegre.
SN				SN-S	SV-Pred	

Como vemos, lo que era un modificador adjetivo en el sintagma nominal previo ha pasado a ser atributo en la oración copulativa. Sigue modificando al mismo sustantivo, pero ahora a través de un verbo de unión.

Los verbos copulativos por excelencia son *ser* y *estar*, que al ejercer esta función pierden en buena parte su significado. No del todo, sin embargo, puesto que entre ellos existe la diferencia que va de lo permanente *(ser)* a lo accidental o transitorio *(estar):*

Lucila es guapa (lo es por naturaleza).

Leocadia está guapa (momentáneamente, tal vez porque se ha arreglado bien o por cualquier otra circunstancia).

Ser y *estar* no son siempre verbos copulativos; pueden ser intransitivos, dando lugar a oraciones predicativas. *Ser* recobra en estos casos su sentido originario de «existir», «suceder», «tener lugar».

La boda será en el pueblo de la novia; Así sea.

Estar equivale a «permanecer», «situarse», «ocupar un lugar».

Las Hurdes están en Extremadura; Rodolfo está en Las Batuecas.

Ambos verbos actúan también como auxiliares de pasiva:

NV
El asunto será estudiado por la comisión.

NV
Mañana estará tomada la decisión.

Ya hemos dicho que la de atributo es una función esencialmente adjetiva, pero pueden desempeñarla otros tipos de palabras y construcciones, como el sintagma nominal:

SN-Atr
Don Alberto es un gran señor.

Un sintagma nominal con preposición:

SPrp-Atr
Mi mujer es de abrigo.

Un pronombre de cualquier clase, incluidos los interrogativos y exclamativos y el átono **lo:**

Atr
¿Quién es esa mujer?;

Atr
La novia de Reverte es aquélla;

Atr
Efectivamente, lo es.

Un adverbio adjetivado:

Atr
Él es así.

Una proposición sustantiva, en oraciones compuestas:

Mi suegra está que brama; (que brama: Sub.S.-Atr) El caso es que no se me ocurre nada. (que no se me ocurre nada: Sub. Sust. - Atr)

APLICACIÓN PRÁCTICA

2.n Señala el atributo en las oraciones que lo lleven, ya que, aunque todas tienen como verbo *ser* o *estar,* no todas son copulativas.

D. Armando es el médico de mi pueblo.

¿Qué habrá sido ese ruido?

Estamos a treinta grados de temperatura.

Yo seré tonto, pero tú lo eres más.

Pienso, luego soy.

Manuel es de Almendralejo.

El ganadero estaba completamente arruinado.

Ese buen mozo será el que te lleve al altar.

Estoy en un mar de dudas.

¿Cuál de ésas es la carabina de Ambrosio?

2.5.7 El complemento predicativo (CPred).

Además de *ser* y *estar,* otros verbos puede actuar como enlace para la atribución de un sintagma a otro. El sintagma modificador recibe en estos casos la denominación de complemento predicativo y viene a ser un híbrido de atributo y complemento circunstancial, puesto que incide a la vez sobre el sujeto y el verbo.

Los verbos que más frecuentemente cumplen este papel de enlace son *parecer* y *semejar,* hasta el punto de que a menudo han sido considerados plenamente copulativos:

	CPred		CPred
Ese jamón parece	bueno;	Ese cochecillo semeja	un huevo.

Pero hay otros muchos que pueden realizarlo, todos ellos conservando en gran parte su significado, por lo que no dejan de ser núcleos del predicado: *seguir, venir, encontrarse, hallarse, quedar, ir, andar, dormir, vivir,* y un largo etcétera:

	CPred		CPred
El coche sigue	estropeado;	El niño se hallaba	perdido.

	CPred		CPred
Mi cuñado anda	preocupado;	Don Domingo vive	feliz.

Los elementos que habitualmente hacen de predicativos son el sintagma nominal y el adjetivo. En casos concretos, sobre todo cuando se refieren a actitudes, y también a profesiones, pueden ir precedidos de la preposición **de** y del adverbio **como:**

	CPred			CPred
Abundio va	de tonto	por la vida;	D. Raúl empezó	como peón.

	CPred		CPred
Se licenció	como sargento;	Manuela trabaja	de enfermera.

Con verbos transitivos, el predicativo puede modificar no al sujeto, sino al objeto directo:

CD		CPred		CPred	CD
Te	veo	muy contento;	La nevera conserva	fresco	el pescado.

También aquí puede aparecer la preposición **de,** además de **como** y **por:**

	CD	CPred		CPred	CD
Llevaré	a Juanito	de ayudante;	¿Recibe	por esposa	a Rita?

	CD	CPred
D. Lorenzo tomó	a Bautista	como mayordomo.

Es casi normal confundir el predicativo con un complemento circunstancial de modo, sobre todo si se recurre al método tradicional de preguntar «¿cómo?» al verbo. Sin embargo, si echamos mano de argumentos morfofuncionales, veremos que no es difícil distinguirlos.

En primer lugar, recordemos que la función de complemento circunstancial es típicamente adverbial y que los adjetivos no pueden desempeñarla, salvo los pocos casos de adverbialización. Por ello, si comparamos estas dos oraciones:

El atleta se mantiene ágil / El atleta saltó ágilmente.

concluiremos que en la primera *ágil* es un complemento predicativo que modifica al sujeto y al verbo, mientras que, en la segunda, *ágilmente* es un adverbio, CC, que incide sólo sobre el verbo.

Más claro todavía es el tema de la concordancia: el complemento predicativo concuerda con el sujeto –o con el CD– en género y número, lo mismo que el atributo, cosa que no hace el circunstancial:

	CPred		CPred
El peregrino caminaba	feliz;	Los pergrinos caminaban	felices.

	CC	CC	
El chófer conducía	velozmente	por la carretera;	Los chóferes

	CC	CC
conducían	velozmente	por la carretera.

Como puede verse, *feliz* ha cambiado de número al hacerlo el sujeto, *el peregrino,* mientras que no han variado los circunstanciales *velozmente y por la carretera,* aunque lo haya hecho el sujeto *el chófer*. En este otro ejemplo observamos el mismo fenómeno con el CD:

	CPred	CD		CPred	CD
Juzgó	acertada	la opinión;	Juzgó	acertadas	las opiniones.

APLICACIÓN PRÁCTICA

2.ñ Señala los complementos predicativos y los circunstanciales existentes en las oraciones que aparecen a continuación.

El enfermo se encontraba ayer (CC) muy mejorado (CPred).

La novia de Manuel se llama Manuela.

Esta vez el cocido me ha salido mejor.

El pasado viernes fue elegido delegado de clase Mariano Pérez.

Aunque no lo parezca, en su barrio Andrés pasa por listo.

Declaro inaugurada esta magna convención.

Seguramente me quedaré en esa casa de jardinero.

La muchacha durmió tranquila aquella noche.

Has juzgado duramente a tu compañero.

Tengo a Pepa como compañera de clase.

El jefe dirige hábilmente su sección.

El pecador confesó entristecido sus culpas.

2.5.8 Valores de la forma *se*.

Es, sin duda, una de las palabras que más problemas causa por su polivalencia funcional. Por ello vamos a detenernos en el estudio de sus principales valores.

Casos en los que cumple función sintáctica por sí solo.

Dicha función solamente puede ser la de complemento directo o la de complemento indirecto, ninguna otra, y en estos casos puede haber variación de persona, es decir, es intercambiable por **me** o por **te** y sus plurales, **nos, os,** lo que indica que posee naturaleza pronominal.

a) ***Se* reflexivo.** La reflexividad consiste en que sujeto y objeto coinciden en un mismo ser, es decir, el sujeto realiza una acción de la que él mismo es objeto. Así, cuando decimos

Manuel se lava

lo que estamos diciendo es

Manuel lava a Manuel

pero la lengua ha creado este mecanismo para evitar redundancias innecesarias e inelegantes.

Puede ser CD, como en el ejemplo anterior:

Manuel	se	lava.
	CD	NV
SN-S	SV-Pred	

o indirecto:

Manuel	se	lava	los pies.
	CI	NV	CD
SN-S	SV-Pred		

Un falso reflexivo es el llamado pronombre causativo, porque en esos casos el sujeto no es el verdadero agente, sino que influye para que alguien lo sea.

He ido a cortarme (me: CI) el pelo; Mi primo se (se: CI) ha construido una casa.

Los sujetos, *yo* y *mi primo,* no son los que han llevado a cabo realmente las acciones, sino que las han encargado a un peluquero y a un constructor.

b) ***Se* recíproco.** La reciprocidad implica una acción mutua de dos o más sujetos, cada uno de los cuales se convierte en objeto de lo que hace el otro, y responde al mismo criterio de economía y elegancia que la reflexividad. El pronombre puede actuar como CD:

SN	nx	SN	CD	NV
Manuel	y	Manuela	se	quieren.
S			SV-Pred	

(Manuel quiere a Manuela y Manuela quiere a Manuel).

Y como CI:

SN	nx	SN	CI	NV	CD
Manuel	y	Manuela	se	dan	amorosos besos.
S			SV - Pred		

c) **Dativo ético o de interés.**

Al decir dativo, estamos aclarando que su función es la de CI, y su uso implica un especial énfasis o interés del que habla en el proceso verbal. Es abundante, sobre todo, en la lengua coloquial, y normalmente se puede suprimir sin que el significado oracional sufra menoscabo.

Ya me (CI) he estudiado dos temas (yo); El niño se (CI) comió el bollo.

Trátame (CI: me) bien a Julita.

d) ***Se* oblicuo.** Es el uso de **se** como CI en sustitución de **le,** sin duda por razones fonéticas:

Recuérda**se**lo (CI); **Se** (CI) lo han prohibido.

En teoría debería ser *Recuérdalelo* y *Le lo han prohibido.*

Casos en los que se incluye en el verbo.

e) **Verbos seudorreflejos.** Se trata de verbos que adquieren, ocasional o permanentemente, forma pronominal, es decir, se conjugan con el pronombre **(me, te, se)** incorporado, de manera que éste se convierte un un elemento léxico del propio verbo. Tienen, pues, forma reflexiva, pero no hay auténtica reflexividad, sino que se acercan a lo que podría llamarse voz media, en caso de que la hubiera en español. Podemos establecer varios grupos, con matices diferentes:

Verbos con forma pronominal permanente: *arrepentirse, vanagloriarse, jactarse, fugarse, desperezarse, inmutarse, atreverse, quejarse, dignarse, etc.*

NV: se jactaba

El ricachón se jactaba de sus posesiones.

Verbos que admiten ambas construcciones, sin cambio sustancial en el significado: *confesar / confesarse; vengar / vengarse; admirar / admirarse; olvidar / olvidarse; compadecer / compadecerse, etc.* Lo que cambia en este caso el complemento que rigen:

NV: Vengar; CD: una afrenta; NV: Vengarse; CR: de alguien

Vengar una afrenta; Vengarse de alguien.

Verbos con un pronombre CD aparente. Son los que más se acercan a la reflexividad, y hay casos que se prestan a la duda. Algunos de los mas usados: *asomarse, situarse, colocarse, detenerse, conmoverse, esconderse, estirarse, apearse, despertarse, etc.* Lo más adecuado parece incluir el pronombre en el verbo, pues en realidad no es que uno se asome o se detenga a sí mismo, sino que ejecuta un determinado movimiento.

NV: se detuvo

El arriero se detuvo en medio del camino.

Verbos intransitivos de movimiento y estado: *irse, marcharse, salirse, quedarse, estarse, subirse, bajarse, volverse, etc.*

NV: Me iré

Me iré por la mañana.

f) **Construcciones impersonales y pasivo-reflejas.**

En ambas la forma **se** es un elemento auxiliar del verbo, sin valor pronominal, sin variación de persona, por lo tanto.

En ninguna de las dos se determina el agente, pero mientras en la pasiva refleja existe un sujeto paciente que concuerda con el verbo, en las impersonales no hay posibilidad de determinarlo.

Habitualmente los verbos intransitivos dan lugar a construcciones impersonales, mientras que los transitivos suelen producir pasivas:

NV

Impersonal: Aquí se fuma demasiado.

SV - Pred

NV

Pasiva refleja: Se revisará su caso.

SV-Pred SN-S

Sin embargo, cuando el verbo transitivo tiene un CD precedido de **a**, hay impersonalidad, puesto que no puede considerarse sujeto por no mantener la concordancia con el verbo.

NV CD

Se convocó a los opositores.

SV-Pred

APLICACIÓN PRÁCTICA

2.o Indica cuál es el valor de **se (me, te)** y su función sintáctica en estos ejemplos.

CD

Los chicos se golpearon entre sí ______ recíproco ______.

La madre se levantó de la silla______________________

Marta se reía de todos______________________

En casa se trabaja mucho______________________

Se lo recomendé al director______________________

Marita se ganó un premio ______________________

Vete de aquí______________________

Sírvase usted mismo______________________

Desde aquí no se oye al orador______________________

Se cogen puntos a las medias______________________________

Doña Tomasa no se acuerda de nada__________________________

Nos deseamos las buenas noches____________________________

Me canso muchísimo____________________________________

Me he pintado las uñas__________________________________

2.6 CLASES DE ORACIONES SEGÚN LA ESTRUCTURA DEL PREDICADO.

La naturaleza semántica del verbo impone la presencia de determinados complementos y, por tanto, una estructura oracional que nos permite clasificar las oraciones en varios tipos. Los dos fundamentales, y a los que se reducen todos los demás, son atributivas y predicativas.

a) **Atributivas o copulativas.** Se caracterizan por la presencia de un verbo copulativo y, como consecuencia, de un atributo.

El percebe es un marisco.

b) **Predicativas.** El verbo se constituye en verdadero núcleo o elemento rector del predicado. Sus dos clases fundamentales son:

Transitivas. Llevan complemento directo.

La gente educada no tira papeles al suelo.

Intransitivas. No llevan complemento directo, puesto que el verbo tiene suficiencia semántica.

Los caballos galopaban por la pradera.

Se ha hablado con cierta razón de una transitividad preposicional en las oraciones con complemento regido, puesto que incide directamente sobre el significado del verbo, pero por las razones estructurales que más arriba hemos visto (pronominalización, pasivación y régimen preposicional variable) es preferible considerarlas intransitivas.

c) Llamaremos **semiatributivas** o **semicopulativas** a las oraciones que tienen complemento predicativo, puesto que participan a la vez de los caracteres de la atribución y de la predicación. No por ello dejan de ser al tiempo transitivas o intransitivas.

Semiatributiva transitiva: *Tengo a mi hijo enfermo.*

Semiatributiva intransitiva: *Juan canta feliz en el baño.*

d) **Reflexivas:** *Me curé la herida.*

e) **Recíprocas:** *Tomás y Antonio se dieron la mano.*

f) **Pasivas perifrásticas:** *El pollo fue desplumado por el pollero.*

g) **Pasivas reflejas:** *Se venden parcelas.*

2.7 EL ANÁLISIS DE LAS ORACIONES SIMPLES.

Con lo visto hasta el momento, nos hallamos ya en condiciones de analizar la estructura de cualquier oración simple o proposición integrada en una oración compleja.

Para realizarlo vamos a apoyarnos en diagramas horizontales, sin olvidar que esto es solamente una forma externa y que cualquier otra sirve siempre que que se indiquen adecuadamente las funciones de cada elemento lingüístico.

Veamos cuáles son los pasos que hay que seguir sirviéndonos de un ejemplo.

El pequeño saltamontes dio un gran salto en el aire.

a) Localizamos, primero, el sujeto y el predicado, según las reglas que ya conocemos. Los señalamos con un trazo horizontal en la parte inferior y colocamos debajo las abreviaturas correspondientes.

El pequeño saltamontes	dio un gran salto en el aire.
SN - S	SV - Pred

b) Identificamos a continuación el núcleo del predicado y los demás sintagmas que lo constituyen, junto con la función que ejerce cada uno.

	NV	SN-CD	SPrp-CC
El pequeño saltamontes	dio	un gran salto	en el aire.
SN - S	SV - Pred		

c) Señalamos ahora los componentes de cada sintagma

			NV	SN-CD			SPrp-CC		
Dt	MAdj	N		Dt	MAdj	N	nx	Dt	N
El	pequeño	saltamontes	dio	un	gran	salto	en	el	aire.
SN - S			SV - Pred						

d) Finalmente, indicamos la clase de oración según la estructura del predicado. En este caso es predicativa, transitiva.

Este desglose que aquí hemos efectuado es solamente una forma de hacerlo más claro. Es obvio que, aunque éste es el orden que se debe seguir, no es necesario escribir cada uno de los pasos por separado. Es muy importate que observes el escalonamiento y que coloques cada elemento en el nivel que le corresponde.

2.8 EJERCICIOS RESUELTOS.

Te ofrecemos a continuación una serie de oraciones analizadas para que te sirvan de modelos de aprendizaje.

a)

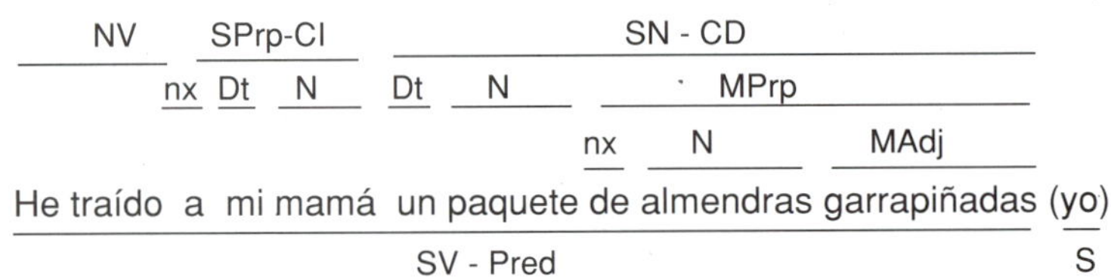

Oración predicativa, transitiva.

b)

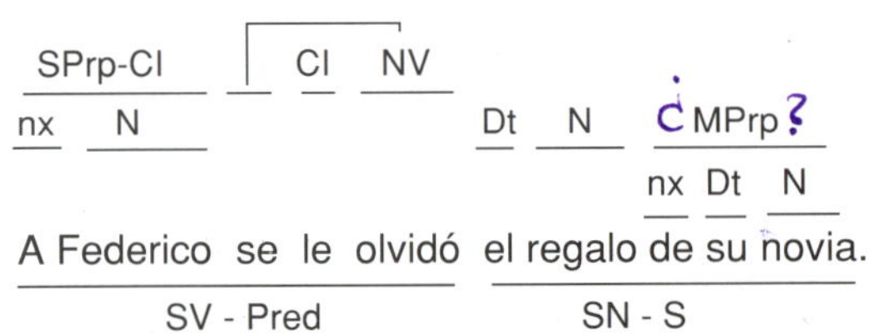

El pronombre **se** va unido al verbo.

Es una oración predicativa, intransitiva.

c)

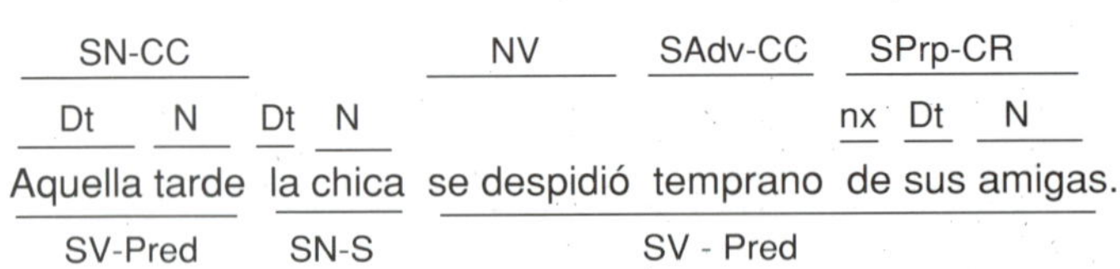

Oración predicativa, intransitiva.

CD NV

Dt MAdj N

d) Me preocupan tus insulsas aficiones.

SV-Pred SN - S

Oración predicativa, transitiva.

SPrp-CC CD NV SN-CC

nx Dt N SN nx SN Dt Dt D

e) Por aquel entonces Gloria y yo nos veíamos todos los días.

SV - Pred S SV - Pred

Oración predicativa, transitiva, recíproca.

CI NV SN-CD SPrp-CC

Dt N Dt N nx Dt N

f) La mujer se tapó la cara con las manos.

SN-S SV - Pred

Oración predicativa, transitiva, reflexiva indirecta.

NV SN - Atr

Dt N Dt MAdj N MPrep

nx Dt N

g) Ese hombre ha sido el mejor bailarín de este siglo.

SN-S SV - Pred

Oración atributiva.

Atr VC

Dt N MPrep

nx Dt N

h) ¿Quién es el señor de la pajarita?

SV-Pred SN - S

Oración atributiva.

NV SAdj-CPred SPrp-CD

Dt N nx Dt N

i) El público aplaudía entusiasmado a los actores.

SN-S SV - Pred

Oración semiatributiva, transitiva.

NV SN-CPred SPrp-CD

nx Dt N MPrp

nx Dt N

j) Han nombrado ministro a un primo de mi cuñada (Impers.)

SV - Pred

Es una oración semiatributiva, transitiva. Está impersonalizada por indeterminación del sujeto.

CI CD CI CD NV

nx N

k) A mí eso me lo dijo Pérez.

SV - Pred SN-S

Oración predicativa, transitiva.

Los complementos directo e indirecto son pronominales y están duplicados.

SPrp-CC NV SN-CD

nx Dt N MPrp N MPrp

nx Dt N nx N

l) En el concierto de Los Patitiesos había cantidad de gente (Impers.)

SV - Pred

Oración predicativa transitiva. Impersonal gramaticalizada, carece de sujeto.

SN-CC NV SAdv-CC

Dt N MPrp

nx/Dt N

m) La tarde del domingo nevó abundantemente (Impers.)

SV - Pred

Oración predicativa, intransitiva. Carece de sujeto por tener un verbo unipersonal, de sentido meteorológico.

NV SPrp-CAg

Dt N nx N Apos

Dt N

n) La bibicleta fue reparada por Juanito, el mecánico

SN - S SV - Pred

Oración pasiva.

SPrp-CC NV SPrp-CC

nx Dt N nx Dt N

ñ) En aquel momento se oyeron pasos en el vestíbulo.

SV-Pred SN-S SV-Pred

Oración pasiva refleja.

SPrp-CC NV SAdv-CC SPrp-CD

nx Dt N nx Dt N

o) En aquella oficina se criticaba duramente a los jefes (Impers.)

SV - Pred

Oración impersonal con **se;** sujeto indeterminado.

NV SPrp-CI SN - Atr

nx N Dt N MAdj

p) Aquél iba a ser para Onodosia un día fatal.

S SV - Pred

Oración atributiva.

CI CD NV CD

Dt N

q) Ese tío se lo bebe todo.

SN-S SV - Pred

Oración predicativa transitiva. Lleva dativo ético y CD duplicado.

NV SPrp-CC

Dt N nx Dt MAdj N

r) ¡Cuántas miserias se pasan en esta perra vida!

SN - S SV - Pred

Oración pasiva refleja. Va introducida por un determinante exclamativo que modifica al núcleo del sujeto.

APLICACIÓN PRÁCTICA

2.p Analiza las oraciones siguientes según el método explicado.

1. El cantante tenía penas en el alma.

2. He regalado mis canicas a un niño pobre.

3. Mucho le fastidia a la gente tu prepotencia.

4. Debes dejarle tus apuntes a tu compañera Margarita.

5. No me gustan las habladurías de la gente.

6. El hombre suele tropezar dos veces en la misma piedra.

7. Nadie conoce mis penas ni mis alegrías.

8. Las consecuencias de la crisis económica serán sumamente graves.

9. Hipólito estaba harto del acoso de Fedra, su madrastra.

10. La representación fue en el Teatro Municipal.

11. Los espías del enemigo estaban por todas partes

12. Aquel edificio semejaba un barco de vapor.

13. Ese balón es de los buenos.

14. El vicedirector andaba aquellos días cabizbajo y meditabundo.

15. Aquel petimetre presumía de listo.

16. El hipócrita Tadeo pasaba por bueno en el colegio.

17. Recuerdo a Elisita radiante el día de su cumpleaños.

18. A mí nadie me toma por tonto.

19. Han declarado desierto el primer premio del concurso de poesía.

20. Disiento de tu opinión.

21. No voy a ocuparme de ese caso perdido.

22. El concejal insistía en su particular punto de vista.

23. Aquel día se esfumó su última oportunidad.

24. La muchacha se encaminó indignada hacia la puerta.

25. Marichu se miraba a menudo en el espejo.

26. Ella misma se ondulaba los rubios cabellos.

27. Jorgito y Jaimito se propinaron una soberana paliza.

28. Ambos músicos se admiraban mutuamente.

29. Anselmo se merendó el bocadillo de sardinas en un santiamén.

30. Resérvemelo hasta mañana.

31. No se lo digas a mi padre.

32. Hace muchos años de aquello.

33. En la tienda había globos de todos los colores.

34. Esta tarde va a hacer un bochorno espantoso.

35. Apenas ha llovido esta primavera.

36. Este invierno ha caído muchísima nieve.

37. Por ahí cuentan auténticas barbaridades de Calixto.

38. A Micaela la han visto en el parque con Miguel.

39. Se apartan juguetes para Reyes.

40. En aquella aldea se trabajaba duramente.

41. Allí se consideraba inferiores a ciertas personas.

42. Ha sido proclamado por el alcalde un nuevo bando.

2.q Análisis inverso. Construye oraciones según los modelos que te proponemos, respetando el orden de los elementos.

SN-S + V + CPred + SAdv-CC + SPrp-CC

El peregrino llegó cansado ayer de su viaje.

SN-S + VC + SAdj-Atr + SPrp-CC

___

SN-S + V + SN-CD + SPrp-CI + SAdv-CC

___

V + SN-S + SPrp-CAg + SN-CC

___

SN-S + se-CD + V + SAdv-CC

___

SN-S + se-CI + V + SN-CD + SPrp-CC

___

SN-S + CNg + V + SPrp-CR

___

SN-S + V + SN-CC + SAdj-CPred

___

Pr-S + V + SPrp-CD + SAdj-CPred + SN-CC

___

SPrp-CC + V + SN-CD. Oración impersonal.

___

SAdv-CC + V + SN-S + SN-CD + SPrp-CI

___

SN-CC + se + V + SN-S

SPrp-CI + SN-S + Pr-CI + V + SN-CD

---

se + V + SN-S + SN-CC. Oración impersonal.

SAdv-CC + V + SN-CC. Oración impersonal.

CNg + Pr-CI + V + SN-S

SN-S + se + V + SAdj-CPred + SPrp-CC

SN-S + se-CD + V + SN-CC + SPrp-CC

LA ORACIÓN COMPUESTA

Oración compuesta es la que está formada por varias proposiciones, estructuras oracionales relacionadas entre sí sintáctica y semánticamente.

3.1 CONCEPTO DE PROPOSICIÓN.

Consideremos el siguiente ejemplo:

Fábregas advirtió que la sirvienta sólo se fijaba en él cuando alguien le señalaba su presencia.

E. Mendoza, *La isla inaudita.*

En él encontramos tres estructuras oracionales:

1. Fábregas advirtió
   SN-S SV-Pred

2. que la sirvienta sólo se fijaba en él
   nx SN - S SV - Pred

3. cuando alguien le señalaba su presencia.
   nx SN-S SV - Pred

Cada una de ellas tiene forma de oración, posee sujeto y predicado propios. Sin embargo, no se trata de tres oraciones, puesto que carecen de independencia sintáctica y semántica; están interrelacionadas, y entre las tres forman una oración compuesta. El nombre que reciben es el de **proposiciones.**

Como podemos ver, la primera, de la que dependen las demás, es la principal o núcleo de subordinación. La segunda está unida a ella mediante la conjunción **que,** tiene valor sustantivo y función de CD. La tercera, a su vez, se subordina a la segunda mediante el nexo **cuando,** es adverbial y equivale a un CC. Todo ello, reducido a un esquema, podría quedar de este modo:

1
↑ Sub. Sust. CD
2
↑ Sub Adv. de tiempo.
3

Un nuevo ejemplo.

Cuando se hubieron extinguido los ecos del trueno, la lluvia, que hasta entonces había ido arreciando, cesó súbitamente por completo y el sol, que se abría paso entre los nubarrones, hizo brillar el filo de la persiana.

E. Mendoza, *La isla inaudita.*

Tenemos ahora una oración (todo está interrelacionado) constituida por seis proposiciones:

P1 Cuando se hubieron extinguido los ecos del trueno

P2 la lluvia cesó súbitamente por completo

P3 que hasta entonces había ido arreciando

P4 y el sol hizo

P5 que se abría paso entre los nubarrones

P6 brillar el filo de la persiana.

La segunda y la cuarta están coordinadas entre sí y ambas son principales. La primera va subordinada a la segunda, y es adverbial de tiempo. También la tercera depende de la segunda, ya que es una adjetiva que modifica a su sujeto, *la lluvia.* La quinta es otra subordinada adjetiva, que incide sobre el sujeto de la cuarta. La sexta, finalmente, es una sustantiva que actúa como objeto directo del verbo *hizo* (no hay perífrasis porque tienen distinto sujeto).

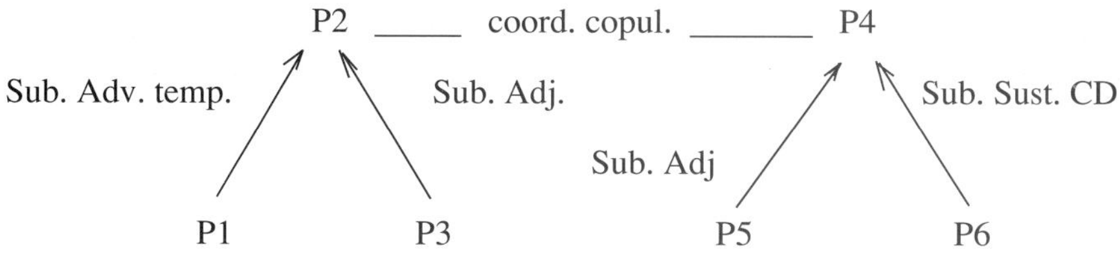

Si te explicamos estas relaciones de coordinación y de subordinación es para que veas de qué manera están unidas las proposiciones entre sí, pero aún no te pedimos que intentes hacerlo tú, todavía tenemos que explicarte bastantes cosas para ello. Lo que sí es importante es que vayas aprendiendo a separar oraciones y proposiciones dentro de un párrafo. No hay recetas infalibles, pero sí conviene que tengas en cuenta estas consideraciones:

a) Las oraciones tienen sentido completo en sí mismas y normalmente están separadas por un punto o un punto y coma, aunque no es un hecho fijo. Las señalaremos con los símbolos O1, O2, O3...

b) Una vez que hemos separado las oraciones, distinguiremos las proposiciones dentro de las compuestas.

c) Para ello podemos echar mano del recurso de subrayar los verbos, ya que habrá tantas proposiciones como predicados, aunque algún verbo puede estar omitido por razones contextuales. Recuerda que las formas no personales con complementos propios tienen valor verbal.

d) Fíjate también en los elementos de relación que sirven para introducirlas, si bien puede haber yuxtaposición.

e) No siempre aparecen una tras otra, sino que pueden entremezclarse, como hemos visto en el último ejemplo.

f) Las escribiremos una a continuación de otra y las designaremos con los símbolos P1, P2, P3... Los números obedecen únicamente al orden en que aparecen.

Veámoslo en un último ejemplo.

> *Durante unos minutos, enrarecido por la fiebre, soñé que estaba en Inglaterra, en mi casa, y que oía el sonido insistente de la campanilla de la tienda. Era noche cerrada y el viento traía un estrépito de guijarros empujados por el mar, y me parecía un poco sospechoso que alguien, a esa hora, hubiera salido a la calle para comprar un grabado antiguo.*

A. Muñoz Molina, *Beltenebros.*

En el párrafo hay dos oraciones, ambas compuestas.

O1 Durante unos minutos... de la tienda.

Está formada por cuatro proposiciones:

P1 Durante unos minutos soñé

P2 enrarecido por la fiebre

P3 que estaba en Inglaterra, en mi casa

P4 y que oía el sonido insistente de la campanilla de la tienda.

O2 Era noche cerrada... un grabado antiguo.

Está compuesta por seis proposiciones.

P1 Era noche cerrada.

P2 y el viento traía un estrépito de guijarros

P3 empujados por el mar

P4 y me parecía un poco sospechoso

P5 que alguien, a esa hora, hubiera salido a la calle

P6 para comprar un grabado antiguo.

APLICACIÓN PRÁCTICA

3.a Divide en oraciones y proposiciones, tal como acabamos de hacerlo, los siguientes párrafos.

Temí no recordar dónde había guardado la llave. De nuevo busqué en los bolsillos vacíos aunque sabía que era imposible que estuviera en ellos

A. Muñoz Molina, *Beltenebros*.

Cuando sonó el despertador, don Eladio Castaños, sentado en el borde del lecho conyugal, se estaba atando las cintas de los calzoncillos. Se las ataba altas para que, al ponerse de pie, no le tirasen.

I. Aldecoa, *El diablo en el cuerpo*.

Eran casi todas retratos de familia y yo no quise interrumpirle preguntándole por cada personaje. Había también algunas de casas y cortijos de Sevilla y supuse que en alguno de aquellos sitios habría vivido él de niño. Las aparté para preguntarle cuando terminase de escribir.

R. Chacel, *Memorias de Leticia Valle*.

3.2 SUJETO Y PREDICADO DE LA ORACIÓN COMPUESTA.

La oración compuesta, en su conjunto, tiene la misma forma que la oración simple, es decir, posee su sujeto y su predicado propios. El sujeto coincide con el de la proposición principal, pero de él forman parte también las proposiciones adjetivas o sustantivas que lo modifican. Así, en

> *Los jefes de los otros grupos volvieron a sus unidades para organizar expediciones similares.*
>
> J. Cortázar, *La autopista del Sur.*

donde hay dos proposiciones:

P1 Los jefes de los otros grupos volvieron a sus unidades

P2 para organizar expediciones similares.

el sujeto oracional es *Los jefes de los otros grupos,* que es también el de la proposición principal; el resto es el predicado oracional.

En esta otra muestra

> *A las ocho llegó el médico, que no vio inconveniente en que el matrimonio regresara a su auto.*
>
> J. Cortázar, *La autopista del Sur.*

hay tres proposiciones:

P1 A las ocho llegó el médico,

P2 que no vio inconveniente

P3 en que el matrimonio regresara a su auto.

y el sujeto oracional es *el médico que no vio inconveniente en que el matrimonio regresara a su auto,* puesto que P2 es una subordinada adjetiva que modifica a *médico,* y P3, a su vez, es una sustantiva que incide sobre *inconveniente,* CD de P2, por lo que todo está dentro de la misma cadena. El predicado oracional queda reducido, por tanto, a *A las ocho llegó.*

La anteriores son oraciones compuestas de estructura simple, es decir, tienen un solo sujeto y un solo predicado. Pero hay otras, de estructura compleja, que tienen más de uno, hecho que se produce cuando hay más de una proposición principal.

> *El joven soldado del Volkswagen estuvo inmediatamente de acuerdo, y el matrimonio del 203 ofreció las pocas provisiones que les quedaban.*
>
> J. Cortázar, *La autopista del Sur.*

Aquí tenemos tres proposiciones:

P1 El joven soldado del Volkswagen estuvo inmediatamente de acuerdo,

P2 y el matrimonio del 203 ofreció las pocas provisiones

P3 que les quedaban.

Las dos primeras están coordinadas entre sí y son principales, por lo que la oración es de estructura compleja y tiene dos sujetos y dos predicados:

Primer sujeto oracional: *El joven soldado del Volkswagen*

Primer predicado oracional: *estuvo inmediatamente de acuerdo*

Segundo sujeto oracional: *el matrimonio del 203*

Segundo predicado: *ofreció las pocas provisiones que les quedaban.*

APLICACIÓN PRÁCTICA

3.b Localiza los sujetos y predicados oracionales en los siguientes ejemplos.

Doña Pura, la señora de don Pablo, habla con una amiga gruesa, cargada de bisutería, que se rasca los dientes de oro con un palillo.

C. J. Cela, *La colmena.*

Martín Marco, el hombre que no ha pagado el café y que mira la ciudad como un niño enfermo y acosado, mete las manos en los bolsillos del pantalón.

C. J. Cela, *La colmena.*

Detrás de la consabida ordinariez del tipo estaba el día claro enmarcado por la complicada geometría de la pared quebrada.

J. C. Onetti, *Dejemos hablar al viento.*

Don Juan Manuel continuaba tambaleándose sobre la silla, pero esto no impedía que en los malos pasos alzase su poderosa voz para advertirme que refrenase mi rocín.

R. del Valle-Inclán, *Sonata de otoño*.

Enteróse Joaquín de que Abel andaba enredado con una antigua modelo, y esto le corroboró en su aprensión de que no se había casado con Helena por amor.

M. de Unamuno, *Abel Sánchez*.

FORMAS DE RELACIÓN.

Las proposiciones se unen entre sí de diversas formas: sin nexo, en lo que se llama yuxtaposición, donde todo queda fiado a la entonación y a las pausas, o mediante elementos de relación, dando lugar a la coordinación cuando no dependen la una de la otra, y a la subordinación, cuando sí existe dependencia. Veamos cada una de ellas.

3.3. LA YUXTAPOSICIÓN.

Como hemos dicho, consiste en la ausencia de elementos de relación entre las estructuras oracionales.

No hay que confundir la verdadera yuxtaposición con la contigüidad de oraciones, es decir, oraciones que aparecen una a continuación de otra, sin auténtica relación entre ellas, como sucede en el siguiente ejemplo:

Partió el tren. Pasaron diez minutos. El tren quedó vacío. Cerró la cantina. Se fueron apagando las luces en los departamentos de la estación.

I. Aldecoa, *Camino del limbo.*

Lo que tenemos aquí son cinco oraciones, cada una con su propio mensaje.

La yuxtaposición propiamente dicha es solamente una forma expresiva o estilística que encierra valores sintácticos de coordinación o de subordinación, apoyados en la entonación y en las pausas. Un ejemplo de valor de coordinación copulativa lo tenemos en el siguiente párrafo, donde existe una relación basada en la adición de significados.

Los cristianos se adentraron en los montes sin encontrar resistencia; asolaron alquerías y aldeas; quemaron frutales; alcanzaron la costa desde el interior a la altura de Bezmiliana.

A. Gala, *El manuscrito carmesí.*

En este otro la relación es de subordinación causal:

No nos quedan chipirones; se han terminado esta mañana (porque se han terminado esta mañana).

En éste, consecutiva:

He terminado; me voy a casa (así que me voy a casa).

En el que sigue, sustantiva de CD:

Le ruego me disculpe (que me disculpe).

Aquí, condicional:

Cállate; estarás más guapa (Si te callas...).

Y así sucesivamente.

3.4 LA COORDINACIÓN.

La coordinación supone una relación de igualdad, es decir, los elementos coordinados entre sí están al mismo nivel, cumplen la misma función sintáctica.

Como ya hemos visto, la coordinación puede producirse **entre sintagmas** dentro de una oración simple:

SN nx SN
Alberto y Roberto juegan al ajedrez.
S

CD
SN nx SN
Quiero unas sábanas de hilo y una colcha bordada.

SAdv-CC nx SPrp-CC
Allí trabajábamos mucho pero con alegría.

Dada la cercanía existente entre ambos, pueden aparecer coordinados un complemento predicativo y un circunstancial, aunque no constituyan exactamente la misma función.

SAdj-CPred nx SPrp-CC
Regresaron muy enojados y a toda velocidad.

También puede haber coordinación entre dos modificadores dentro de un mismo sintagma.

SN - Atr
Dt N MAdj nx MAdj
El empleado era un hombre calvo y pequeño.

APLICACIÓN PRÁCTICA

3.c Señala las palabras y sintagmas que están coordinados entre sí en las siguientes oraciones e indica qué función sintáctica cumplen.

SPrep-CC Nx SN-CC

Cuando se fue de casa, sin dinero ni equipaje, pensó que un día u otro

había de volver rico y feliz. Entonces se mostraría opulento, pero

generoso, con su familia y vecinos; no haría el mal sino el bien a todos,

aunque lo envidiaran por verlo vestido con camisas de hilo y de

seda y con elegantes trajes, negros y grises.

Las proposiciones que están coordinadas entre sí dentro de una oración compuesta no dependen unas de otras, funcionan al mismo nivel. Por tanto, si hay una proposición coordinada con la principal, será también principal; la que se coordina con una subordinada causal, lo será asimismo. Veamos un par de ejemplos:

Miguel escuchó el escape del depósito y olfateó la noche, que olía a tierra mojada y a carbón.

I. Aldecoa, *Camino del limbo.*

Se trata de una oración compuesta en la que hay tres proposiciones:

P1 Miguel escuchó el escape del depósito

P2 y olfateó la noche,

P3 que olía a tierra mojada y a carbón.

Las dos primeras, coordinadas entre sí, son principales o núcleos de subordinación, mientras que la tercera es una subordinada adjetiva que incide sobre *la noche,* el atributo de la segunda.

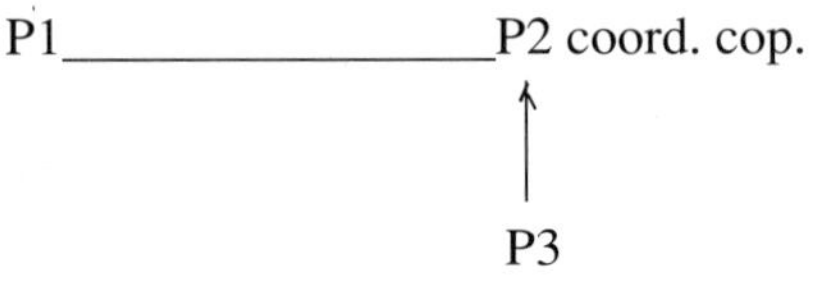

La muchacha del Dauphine le dijo al ingeniero que la anciana ya estaba mejor y que insistía en volver a su ID.

J. Cortázar, *La autopista del Sur.*

También ésta es una oración compuesta con tres proposiciones:

P1 La muchacha del Dauphine le dijo al ingeniero

P2 que la anciana ya estaba mejor

P3 y que insistía en volver a su ID.

La principal es ahora la primera, mientras que la segunda y la tercera están coordinadas entre sí y son, ambas, subordinadas sustantivas que constituyen el CD de la primera.

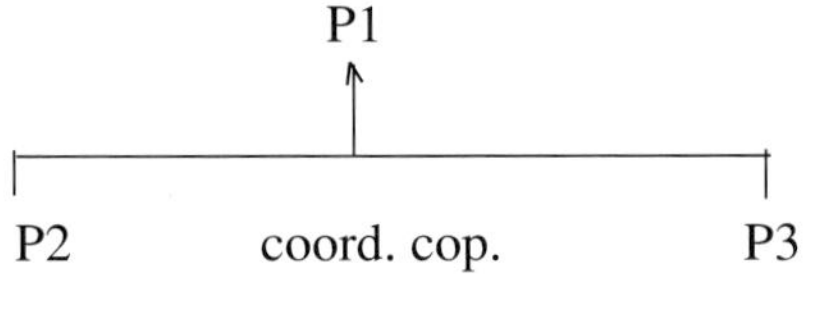

Clases de coordinación.

3.4.1 Coordinadas copulativas.

Suponen la forma de relación más sencilla ya que equivalen a una simple adición de significados.

Las conjunciones son esencialmente dos, una afirmativa: **y**, y otra negativa: **ni.** La forma **e** no es más que una variante fonética de **y** cuando la palabra siguiente comienza por **i, hi** no diptongadas:

Llegó e inició su trabajo; Es de piedra y hierro.

La comúnmente citada **que** es un arcaísmo que prácticamente ha desaparecido y que sólo se conserva en expresiones reiterativas del tipo *erre que erre, dale que dale.*

Puede adquirir este valor el adverbio **más** en construcciones como *dos más dos,* equivalente a *dos y dos.*

La conjunción **ni** suele repetirse delante de los dos miembros coordinados:

Ni estudia ni trabaja.

Cuando se trata de varios miembros coordinados, la conjunción, por motivos estilísticos, solamente suele aparecer ante el último. Los demás están yuxtapuestos, pero su valor es, naturalmente, de coordinación copulativa.

Llegó a casa, se quitó la ropa, se dio una ducha y se fue a la cama.

También por motivos estilísticos, puede aparecer delante de todos (polisíndeton) o no aparecer ni siquiera ante el último:

Llegaba, y se quedaba quieto, y no decía nada, y se volvía a marchar, y así siempre.

Llega, avanza, ya se lanza, ya en él entra, ya se encuentra suspendido sobre el puente.

J. Zorrilla.

La conjunción **y** no siempre posee valor auténticamente copulativo. Puede aparecer al principio de un período o tras pausa, con valor expresivo o de simple transición:

¡Y decía que no lo sabía!

También como arranque de una interrogativa:

¿Y tu hermano?

Sin perder totalmente el carácter copulativo, puede adquirir un matiz a la vez consecutivo y condicional:

Estudia y aprobarás (Si estudias, aprobarás; Estudia y, en consecuencia, aprobarás).

O adversativo:

He hecho todo lo posible y no lo he conseguido (pero no lo he conseguido).

APLICACIÓN PRÁCTICA

3.d Tomando como modelo ejemplos anteriores, indica qué valor tienen las siguientes formas yuxtapuestas y coordinadas.

No tenía un solo duro; se quedó sin merendar.____________________________

Preparó el equipaje; salió de casa; tomó el primer tren; se marchó muy lejos.
____

Cría cuervos y tendrás muchos. ____________________________________

El señor no está; ha salido. ____

¿Y dices que no la has visto? ______________________________________

Le supliqué no me lo tuviese en cuenta. ____________________________

Siéntese; estará más cómodo. ______________________________________

Y no viene... ____

3.4.2 Disyuntivas.

La coordinación disyuntiva posee un valor de exclusión, es decir, la aceptación de uno de los miembros excluye al otro.

La conjunción disyuntiva es **o,** con su variante fonética **u** cuando la palabra siguiente comienza con **o, ho.**

Tráigame la cuenta o me marcho sin pagar.

No recuerdo si me correspondía ayer u hoy.

Es muy frecuente que **o** encabece los dos miembros de la disyunción:

O te decides pronto o te quedas sin ninguno.

El valor de **o,** en ocasiones, no es de exclusión, sino de aclaración:

Se instaló en la cabaña o refugio que allí había.

3.4.3 Distributivas.

Implican una referencia o elección alternativa.

Sus nexos son palabras muy variadas que se repiten al frente de las cláusulas coordinadas: **ora... ora; sea... sea; uno... otro; bien...bien; ya... ya,** etc.

Unos iban por el monte; otros iban por el llano.

Ora cogeremos flores, ora compondremos versos.

Ya avanzan, ya retroceden.

3.4.4 Adversativas.

Suponen una contraposición entre dos ideas. Si esta contraposición es parcial, adquiere carácter restrictivo:

Ha trabajado mucho, pero no ha terminado la tarea.

Si es total, conlleva incompatibilidad o exclusión:

No se hará lo que se quiera, sino lo que se pueda.

Los enlaces son conjunciones como **pero, mas, sino, aunque,** y locuciones formadas sobre adjetivos, adverbios, preposiciones, etc.: **sin embargo, antes bien, no obstante, excepto, con todo, salvo, que no, menos.**

También, como hemos visto, el contenido adversativo puede expresarse a través de formas copulativas y yuxtapuestas.

La conjunción más utilizada es, sin duda, **pero** que, además, posee valores intensivos y expresivos, no propiamente coordinantes:

Pero bueno...

¿Pero qué dices?

Está pero que muy bien.

3.4.5 Explicativas.

Su valor es aclarativo, una cláusula explica o matiza el sentido de la otra.

Sus nexos son locuciones del tipo **o sea (que), esto es, es decir,** etc.

Le ha tocado el gordo, o sea, se ha hecho millonario.

Era una buena persona, es decir, procuraba no hacer daño a nadie.

APLICACIÓN PRÁCTICA

3.e Indica el tipo de coordinación que se establece en cada uno de los siguientes casos.

La quería mucho; sin embargo, la perdió. ______________________

Bien llueva, bien luzca el sol, saldremos. ______________________

Es un filántropo, esto es, ayuda a los demás. ______________________

O se lo dices tú o se lo digo yo de peor manera. ______________________

No me lo dijo él, sino que lo escuché yo. ______________________

No te enteras de nada, o sea, pareces tonto. ______________________

Come lo que quieras, pero no me manches el piso. ______________________

Ni lo quiero ni lo necesito. ______________________

Me lo dejas en el buzón, o bien se lo das al portero. ______________________

Ya levantaban los ojos, ya los volvían a bajar. ______________________

3.4.6 Análisis de oraciones compuestas por coordinación.

Como ya sabemos, la coordinación supone igualdad de funcionamiento sintáctico. Por tanto, si en una oración compuesta las proposiciones se unen exclusivamente por coordinación, basta identificarlas, separarlas, analizarlas como si fueran oraciones simples e indicar cuál es el tipo de coordinación que las relaciona. En estos casos existirán tantos sujetos y predicados oracionales como proposiciones haya y, al poseer todas la misma jerarquía, no se puede hablar de proposición principal. Veamos algunos ejemplos.

El caballero colocó el periódico en el diván, se puso las gafas y estuvo mirando un rato, con mucha atención, las vetas del mármol.

E. Mendoza, *La verdad sobre el caso Savolta.*

Se trata de una oración con tres proposiciones que separamos y analizamos a continuación.

NV SN-CD SPrp-CC
Dt N Dt N nx Dt N
P1 El caballero colocó el periódico en el diván.
SN-S SV - Pred

Cl NV SN-CD
Dt N
P2 se puso las gafas (el caballero)
SV - Pred S

NV SN-CC SPrp - CC SN - CD
Dt N nx Dt N Dt N MPrp
nx/Dt N
P3 y estuvo mirando un rato, con mucha atención, las vetas del mármol.
nx SV - Pred

(el caballero)
S

Las tres mantienen entre sí una relación de coordinación copulativa, si bien la segunda no va precedida de ningún nexo, dado que la forma yuxtapuesta es habitual cuando son varias las coordinadas.

P1____________P2____________P3
coord. cop. coord. cop.

Yo tenía un reloj muy majo, pero se me ha estropeado, es decir, ya no funciona.

Es una oración con tres proposiciones.

NV SN-CD
Dt N MAdj
MAdv N
P1 Yo tenía un reloj muy majo
S SV - Pred

CI NV

P2 pero se me ha estropeado (el reloj)

nx SV - Pred S

CC CNg NV

P3 es decir, ya no funciona (el reloj)

nx SV - Pred S

Las tres van coordinadas, pero la coordinación es de distintos tipos: adversativa entre la segunda y la primera, y explicativa entre la tercera y la segunda

P1_______________P2_______________P3

coord. advers. coord. explic.

O empiezas a estudiar enseguida o te meto en la cocina y pelas todas las patatas.

Volvemos a encontrarnos con una oración constituida por tres proposiciones.

NV SAdv-CC

P1 O empiezas a estudiar enseguida (tú)

nx SV - Pred S

CD NV SPrp-CC

nx Dt N

P2 o te meto en la cocina (yo)

nx SV - Pred S

SN-CD

NV Dt Dt N

P3 y pelas todas las patatas (tú)

nx SV - Pred S

La coordinación entre las dos primeras es disyuntiva, mientras que la tercera se une a la segunda en forma copulativa.

P1_______________P2_______________P3

coord. disy. coord. cop.

Unos daban grandes voces; otros salían de estampida.

Una oración con dos proposiciones.

NV SN - CD

MAdj N

P1 Unos daban grandes voces

S SV - Pred

NV SPrp-CC

nx N

P2 Otros salían de estampida.

S SV - Pred

Las dos mantienen entre sí una relación de coordinación distributiva. Los elementos que les sirven de enlace son los indefinidos **unos...otros,** que al mismo tiempo son los sujetos respectivos.

P1___________________________P2

coord. distrib.

Ni ha llovido en todo el mes ni hay perspectivas de ello, pero debemos mantener la esperanza.

Las proposiciones de esta oración son tres.

NV SPrp-CC

nx Dt Dt N

P1 Ni ha llovido en todo el mes (impers.)

nx SV - Pred

El verbo es unipersonal, de sentido meteorológico, por lo que no tiene sujeto.

NV SN - CD

N MPrp

nx N

P2 ni hay perspectivas de ello (impers.)

nx SV - Pred

La impersonalidad obedece, en esta ocasión, a motivos gramaticales: es una construcción con el verbo *haber* sin variación de persona ni de número.

NV SN - CD
Dt N
P3 pero debemos mantener la esperanza (nosotros)
nx SV - Pred S

Hay coordinación copulativa negativa, con nexo reiterado, entre las dos primeras, mientras que la tercera mantiene con la segunda una relación adversativa.

P1__________P2__________P3
coord. cop. coord. advers.

APLICACIÓN PRÁCTICA

3.f Analiza en tu cuaderno las siguientes oraciones, todas ellas compuestas por coordinación.

O me cogen esta mañana en la peluquería o no puedo salir con Quique esta tarde.

Eloísa dormía, pero su sueño era agitado y murmuraba palabras incoherentes.

Éste me daba un consejo; aquél me hacía una advertencia, pero yo seguí mi camino y no hice caso a nadie.

Ya había anochecido del todo, es decir, la oscuridad nos envolvía, pero ninguno de nosotros dijo nada ni se movió de aquel lugar.

Tengo en casa tres o cuatro novelas, aunque no son demasiado buenas.

No coge rebotes, ni mete canastas, ni da una asistencia.

Quisiera ayudarte, mas no puedo ni me lo permiten.

3.5 LA SUBORDINACIÓN.

Al contrario de la coordinación, la subordinación supone una relación de dependencia, es decir, los elementos que se subordinan a otros los modifican, cumplen una determinada función con respecto a ellos.

De acuerdo con esto, las proposiciones subordinadas se incluyen en la oración cumpuesta para desempeñar funciones equivalentes a las que efectúan los sintagmas en la oración simple. Si comparamos estas construcciones

SN-CD
Quiero un tebeo.

Sub. sust. - CD
Quiero que me compres un tebeo.

observaremos que en la primera –oración simple– la función de CD del verbo *comprar* es realizada por un sintagma nominal, *un tebeo,* mientras que en la segunda –compuesta–, ese mismo papel lo desempeña la proposición subordinada sustantiva *que me compres un tebeo.*

En relación con el tipo de función desempeñada, se establecen tres clases de subordinadas: **sustantivas, adjetivas y adverbiales,** según actúen como un sintagma nominal, un adjetivo o un adverbio.

Algo que hay que tener muy en cuenta es el elemento modificado, pues no se trata sólo de ver la clase de proposición, sino de observar el lugar que ocupa dentro de la oración, con el fin de llegar a comprender y explicar su estructura. Por ejemplo, la proposición *de acabar su trabajo* –que, obviamente, no tiene sentido por sí sola– es sustantiva por la forma y actúa como modificador preposicional, pero puede serlo de un nombre:

NV SN - CD
N Sub. Sust.- MPrp
Perico tiene ganas de acabar su trabajo.
SN-S SV - Pred

De un adjetivo:

VC SAdj - Atr
N Sub. Sust.- MPrp
Perico está deseoso de acabar su trabajo.
SN-S SV - Pred

O de un verbo, como complemento regido:

	NV	Sub. Sust.- CR
Perico	desistió	de acabar su trabajo
SN-S	SV - Pred	

Teniendo todo esto en cuenta, veamos ahora las diferentes clases de subordinadas, sus funciones y las distintas formas que pueden adoptar.

3.5.1 Las subordinadas sustantivas.

Como hemos dicho, cumplen en la oración compuesta funciones equivalentes a las del sintagma nominal en la oración simple. Ya sabemos que éstas son múltiples, desde sujeto a cualquier tipo de complemento o modificador. Pues bien, todas ellas pueden ser desempeñadas también por las subordinadas sustantivas.

Los elementos de relación, como iremos viendo, son también diversos: las conjunciones **que** y **si,** preposiciones, verbos en infinitivo, pronombres relativos, pronombres y adverbios interrogativos, etc.

Pero antes de comenzar el estudio individualizado de las distintas funciones, hemos de aclarar una cuestión sumamente debatida, cual es la del valor funcional de las proposiciones encabezadas por los pronombres relativos.

3.5.1.1 Valor funcional de las subordinadas de relativo.

Las proposiciones encabezadas por los pronombres relativos oscilan entre la función sustantiva y la adjetiva.

Tradicionalmente han sido consideradas todas ellas adjetivas. Sin embargo, éstas tienen como misión modificar a un nombre –antecedente del relativo–, pero ese nombre no siempre aparece.

Si comparamos las siguientes construcciones

La gente que canta sus males espanta.

Quien canta sus males espanta.

veremos que en el primer caso la proposición *que canta* modifica al sustantivo *gente,* antecedente de *que,* siendo, por tanto, *La gente que canta* el sujeto oracional. En el segundo, en cambio, *quien* no tiene antecedente, por lo que la proposición *Quien canta* no tiene a quién modificar y es ella misma la que actúa como sujeto del verbo principal.

La cuestión, sin embargo, es problemática y existe diferencia de opiniones. La propia Real Academia Española *(Esbozo de una nueva Gramática de la Lengua Española*, Madrid, 1985, pgs. 526-28) distingue varios casos:

–Relativo con antecedente callado. El antecedente no se expresa por ser desconocido, por no interesar o por sobreentenderse palabras como causa, razón, asunto, persona, etc.

Lo diré a quien yo quiera.

–Relativo de generalización, que se refiere a cualquier persona.

El que esté libre de pecado tire la primera piedra

–Sustantivación de las subordinadas relativas, por medio del artículo o del demostrativo, igual que cualquier adjetivo.

No he reconocido al que te ha saludado.

Realmente nos resulta difícil establecer diferencias funcionales entre estos casos, y pensamos que se trata de distintas causas para un mismo resultado: función sustantiva de proposiciones de relativo. Por ello, siempre que no exista un antecedente expreso las consideramos sustantivas o, si se quiere, sustantivadas. Ello sólo ocurre con las formas **quien** y **el (la, lo, los, las) que.**

He olvidado a la que (a quien) quise hace tiempo (sustantiva).

He olvidado la mujer a la que (a quien) quise hace tiempo (adjetiva).

En el primer ejemplo la proposición de relativo actúa como complemento directo del verbo principal; por ello la consideramos sustantiva. En el segundo, en cambio, el CD es *la mujer,* modificado por la subordinada de relativo, que es por ello adjetiva.

También la forma **cuanto** actúa como relativo de generalización, originando, por consiguiente, subordinadas sustantivas.

Se lo he dicho a cuantos han querido escucharme.

Cuando los relativos son **que, el (la, lo, los, las) cual** y **cuyo,** así como los adverbios **cuando, como, donde** –siempre que actúen como relativos–, la subordinada introducida por ellos será adjetiva, salvo algún caso en el que no está muy claro si *que* es relativo o interrogativo:

Esta tarde no tengo que (qué) hacer.

Hay gramáticos que afirman que el artículo que precede al relativo posee valor pronominal, y que por ello se convierte en su antecedente. Pensamos que tal afirmación no es acertada, primero por la gran capacidad sustantivadora del artículo español, y segundo, por la equivalencia entre **el que** y **quien:**

El que pueda que me siga; Quien pueda que me siga.

Aquí observamos cómo la función es la misma –sujeto de la principal– y en el caso de **quien** no hay posibilidad alguna de antecedente expreso.

APLICACIÓN PRÁCTICA

3.g En las siguientes oraciones, señala las subordinadas de relativo e indica si son adjetivas o sustantivas.

Sub. Adjetiva

El libro que me prestaste es muy divertido.

Debes ayudar a quien lo necesite.

Lo que dices no es muy correcto.

El chico a quien he dejado mi bici no me la ha devuelto.

He calculado el dinero que necesitamos.

Tengo una amiga cuya voz es muy agradable.

Cuantos estaban allí prorrumpieron en aplausos.

Ese pueblo, al cual no pienso volver, es muy aburrido.

El río en el que nos bañamos es muy peligroso.

Ese coche es el que yo quiero.

3.5.1.2 Sustantivas en función de sujeto.

Pueden adoptar varias formas, pero en todos los casos podemos verificar la función mediante la sustitución por un sintagma nominal, cosa que iremos haciendo en los ejemplos de ésta y de las demás funciones.

Introducidas por la conjunción completiva **que.**

Me ha divertido el tropezón del payaso.
SN - S

Me ha divertido que tropezara el payaso.
Sub. Sust. - Suj.

En el primer caso se trata de una oración simple cuyo sujeto es el SN *el tropezón del payaso*. En el segundo hemos sustituido este sintagma por la estructura oracional *que tropezara el payaso*, con lo que hemos originado una oración compuesta cuyo sujeto es esta proposición subordinada sustantiva.

Con el verbo en infinitivo.

La comida excesiva puede ser perjudicial.
SN - S

Comer en exceso puede ser perjudicial.
Sub. Sust.- S

Introducidas por un relativo sin antecedente expreso.

Mi vecina es muy guapa.
SN - S

La que vive en la casa de al lado es muy guapa.
Sub. Sust. - S

3.5.1.3 En función de complemento directo.

Con la conjunción **que.**

SN - CD
El funcionario me pidió el impreso.

Sub. Sust. - CD
El funcionario me pidió que rellenara el impreso.

Con la conjunción **si.** Se emplea en casos de duda.

SN - CD
Ignoraba la realidad de los hechos.

Sub. Sust. - CD
Ignoraba si los hechos eran reales.

Encabezadas por un relativo sin antecedente.

SN - CD
Admiro la obra de ese artista.

Sub. Sust. - CD
Admiro lo que ha realizado ese artista.

Introducidas por un pronombre o un adverbio interrogativo. Son las llamadas interrogativas indirectas.

SN - CD
Me pregunto la razón de tu comportamiento.

Sub. Sust. - CD
Me pregunto por qué te habrás comportado así.

SN - CD
Ignoraba su identidad.

Sub. Sust.- CD
Ignoraba quién podría ser.

SN - CD
Dime el precio de esa pelota.

Sub. Sust. - CD
Dime cuánto te ha costado esa pelota.

SN - CD
Indíqueme el camino de la Facultad de Ciencias.

Sub. Sust. - CD
Indíqueme por dónde se va a la Facultad de Ciencias.

Sin nexo.

SN-CD / Sub Sust-CD
Le pido perdón. Le pido me perdone.

Aquí se incluyen las construcciones de estilo directo, consistentes en la reproducción literal de lo dicho o pensado por un personaje.

Sub. Sust. - CD
Don Narciso dijo: [«Sin duda soy el más guapo».]

3.5.1.4 En función de complemento indirecto.

Solamente se construyen con un relativo sin antecedente que, como es habitual en este complemento,irá precedido de las preposiciones **a** o **para.**

SPrp - CI
Otorgaron el premio al mejor novelista

Sub. Sust. - CI
Otorgaron el premio a quien había escrito la mejor novela.

No hay que confundir las subordinadas de CI con las finales, incluidas en el grupo de las adverbiales y que indican el «para que», no el «para quien».

3.5.1.5 En función de complemento circunstancial.

También pueden ir encabezadas por un relativo sin antecedente expreso.

SPrp - CC
Saldré por la mañana con mis compañeros.

Sub. Sust. - CC
Saldré por la mañana con los que quieran seguirme.

Pueden adoptar la forma de preposición + infinitivo aunque, dada su similitud con las adverbiales de modo y su posibilidad de sustitución por un adverbio, hay quien las incluye en esta categoría.

SAdv - CC
Lo hice inconscientemente.

Sub. Sust.-CC
Lo hice sin darme cuenta.

3.5.1.6 En función de complemento agente.

También se construyen únicamente con pronombres relativos precedidos, como es normal, de **por** u, ocasionalmente, de **de.**

SPrp - CAg
Los rosales eran cuidados por los jardineros.

Sub. Sust. - CAg
Los rosales eran cuidados por los que trabajaban en el jardín.

3.5.1.7 En función de atributo y complemento predicativo.

Su tipología formal es más variada. Pueden llevar la conjunción **que.**

SN - Atr
El caso es un verdadero problema.

Sub. Sust. - Atr
El caso es que no se me ocurre nada.

Sub Sust-Atr
El caso está que arde.

Sub. Sust. - CPred
El caso sigue que asusta a cualquiera.

Verbo en infinitivo.

Su meta es la victoria. (la victoria: SN - Atr)	Su meta es conseguir la victoria. (conseguir la victoria: Sub. Sust. - Atr)

Relativo sin antecedente.

El ministro es el del traje negro. (el del traje negro: SN - Atr)

El ministro es el que lleva traje negro. (el que lleva traje negro: Sub. Sust - Atr)

Pronombre o adverbio interrogativo.

El problema es el alojamiento. (el alojamiento: SN - Atr)	El problema es dónde dormir. (dónde dormir: Sub Sust- Atr)

3.5.1.8 Complemento regido o preposicional (suplemento) de un verbo.

Con la conjunción **que.**

Raúl se olvidó del recado. (del recado: SPrp-CR)

Raúl se olvidó de que debía hacer un recado. (de que debía hacer un recado: Sub. Sust. - CR)

Con el verbo en infinitivo.

Se arrepintió de sus pecados. (de sus pecados: SPrp-CR)	Se arrepintió de haber pecado. (de haber pecado: Sub. Sust.-CR)

Con relativo sin antecedente.

Prescindió de aquel estorbo. (de aquel estorbo: SPrep-CR)	Prescindió de lo que le estorbaba. (de lo que le estorbaba: Sub. Sust. - CR)

3.5.1.9 Modificador preposicional de un sustantivo o de un adjetivo.

Con la conjunción **que.**

SN - CD / N — MPrp: Tiene ganas de un regalo.

SN - CD / N — Sub. Sust - MPrp: Tiene ganas de que le regalen algo.

SAdj-Atr / N — MPrp: Está deseoso de un regalo.

SAdj - Atr / N — Sub. Sust. - MPrp: Está deseoso de que le regalen algo.

Con el verbo en infinitivo.

SN - CD / N — MPrp: Tiene voluntad de victoria.

SN - CD / N — Sub. Sust.-MPrp: Tiene voluntad de ganar la carrera.

SAdj - Atr / N — MPrp: Está harto de todo.

SAdj - Atr / N — Sub. Sust. - MPrp: Está harto de recibir golpes bajos.

Con un relativo sin antecedente.

SN - Atr / Dt N — MPrp: Ése es el premio del campeón.

SN - Atr / Dt N — Sub. Sust-Mprp: Ése es el premio del que ha ganado.

SAdj-Atr / N — MPrp: Está contento de su obra.

SAdj - Atr / N — Sub. Sust.-MPrp: Está contento de lo que ha hecho.

3.5.1.10 En función de aposición.

Los casos más claros se producen con los relativos.

N — Apos

Pepe, el mecánico, es muy hábil.

SN - S

N — Sub. Sust. - Apos

Pepe, el que trabaja en el taller, es muy hábil.

SN - S

Hay construcciones con **que** y con el verbo en infinitivo que pueden, asimismo, ser consideradas aposiciones explicativas.

Dt N Sub Sust-Apos
Tu actitud, pasar de todo, no me gusta.
SN - S

Dt N Sub. Sust.- Apos
La orden, que salieran todos, se cumplió al instante.
SN - S

Incluso sin enlace.

SN - CD
Dt N Sub Sust-Apos
Reitero mi consejo: sé prudente

APLICACIÓN PRÁCTICA

3.h En cada una de las siguientes oraciones hay una subordinada sustantiva. Señálala e indica su función.

Sub. Sust. - S
Es agradable llevarse bien con la gente.

Desconozco la cantidad de que dispone.

Presta tu apoyo a quien lo necesite.

Me contó lo que había hecho aquella tarde.

Volvió de la guerra sin haber recibido un rasguño.

Estaba satisfecho de haber hablado con ella.

Ése es el que quitó las herraduras a mi perro.

Fui acusado por quien era más culpable que yo.

Ducharse todos los días es una cosa sana.

Luego no digas que no te lo advertí.

Tiene miedo de que le pongan una inyección.

La verdad es que nadie me lo advirtió.

Mi primo, el que vive en Andorra, es un gran esquiador.

No te rías de los que se caen.

Aclárame de una vez cómo es esto.

3.i Te proponemos ahora oraciones más largas y complejas. Debes separar las proposiciones que las forman, distinguir las subordinadas sustantivas e indicar su función. Recuerda que algunas pueden estar coordinadas entre sí, con lo que su función será la misma. Fíjate en el modelo.

Cuando llegue papá, decidle que haga las camas y que se ocupe de lo que sea necesario.

Es una oración formada por cinco proposiciones.

P1 Cuando llegue papá

P2 decidle

P3 que haga las camas

P4 y que se ocupe

P5 de lo que sea necesario.

Son sustantivas P3 y P4. Ambas están coordinadas entre sí y cumplen función de CD del verbo principal, *decid.* También lo es P5, que actúa como complemento regido del verbo *se ocupe,* por lo que se integra en el predicado de P4.

Pero lo que yo no sabía era de quién estaba huyendo, si de la policía o de mí, y era preciso que lo averiguara.

A. Muñoz Molina, *Beltenebros.*

Tuve que darle a entender que tú estabas enamorada de él o que por lo menos te gustaría que de ti se enamorase, sin descubrir lo más mínimo de aquella nuestra conversación a solas luego que tu madre me hizo saber cómo querías entrar por mi causa en un convento.

M. de Unamuno, *Abel Sánchez*.

No me digas que voy a gastar ahora media docena de páginas en decirte cómo es el castillo de Otranto.

G. Torrente Ballester, *Las sombras recobradas*.

Le dije que tenía ganas de ver en acción al nuevo encargado de los efectos especiales, de comprobar si era tan bueno como él me había dicho.

M. Vargas Llosa, *La tía Julia y el escribidor.*

No hay duda de que he caído en mitad de un aquelarre, dijo Fábregas en su fuero interno, y de que estoy rodeado de locos, pero también es evidente que su devoción es genuina y que sus rezos no carecen de sentido.

E. Mendoza, *La isla inaudita*.

3.j Construye ahora tú cinco oraciones compuestas en las que aparezcan al menos dos subordinadas sustantivas. Procura que las funciones que cumplan sean variadas.

1.

2.

3.

4.

5.

3.5.2 LAS SUBORDINADAS ADJETIVAS

Su nombre obedece a que actúan como un adjetivo, es decir, modifican a un sustantivo que, necesariamente, estará en otra proposición.

3.5.2.1 Adjetivas de relativo.

La forma habitual de construcción de las adjetivas es que vayan introducidas por un pronombre o adverbio relativo. Recuerda que los pronombres son **que, (el) cual, quien** y **cuyo,** y los adverbios **cuando, como** y **donde. Cuanto** puede funcionar como pronombre y como adverbio.

El sustantivo al que modifican se llama antecedente (recordemos que si no hay antecedente expreso la proposición de relativo es sustantiva). El antecedente es el núcleo de un sintagma nominal que está en una proposición anterior, y es importante tener en cuenta que la proposición adjetiva se integra en la función que desempeña dicho sintagma como si fuera un simple adjetivo. Veamos un ejemplo.

Dt N MAdj
Aquella niña chillona me ponía nervioso.
SN - S

Dt N Sub. Adjet.
Aquella niña, que era muy chillona, me ponía nervioso.
SN - S

Como puede observarse, en la segunda oración hemos sustituido el adjetivo *chillona* por la proposición *que era muy chillona*. Dicha proposición desempeña, por tanto, la misma función que el propio adjetivo, es decir, modifica al sustantivo *niña,* por lo que forma parte del sujeto oracional. Un par de ejemplos más:

SN - CD
Dt N Sub. Adjet.
He comprado un libro que contiene hermosas ilustraciones.

SN - Atr
Dt N Sub. Adjet.
Alfredito es un holgazán que ha salido a su padre.

En el primero la subordinada adjetiva se incluye en el CD del verbo principal, y en la segunda en el atributo.

Los adverbios que hemos mencionado solamente son relativos, es decir, introducen subordinadas adjetivas, cuando tienen un antecedente al que modificar.

SPrp - CC

nx Dt N Sub. Adjet.

Vive en un país donde nunca hace frío.

SN - CD

Dt N Sub. Adjet.

Recuerdo aquellos tiempos, cuando éramos tan felices.

Dt N Sub. Adjet.

Es extraño el modo como lo ha hecho

SN - S

En todos estos casos pueden ser sustituidos por pronombres precedidos de preposición: *en el que nunca hace frío; en los que éramos tan felices; en que lo ha hecho.*

No son relativos, por carecer de antecedente, en

Está donde te dije; Iré cuando pueda; Lo hizo como pudo.

APLICACIÓN PRÁCTICA

3.k Señala, en las siguientes oraciones, la subordinada adjetiva, junto con su antecedente, e indica la función oracional que cumplen. Te ofrecemos una muestra.

SN - CD

Dt N Sub. Adjet.

Tengo un gato que se llama Nicolás.

He vivido en París, que es la capital de Francia.

Mande un obsequio a Peribáñez, con el que nos conviene entendernos.

Mi amigo, que se llama Federico, es de Jaén.

Su vivienda es una chabola donde no hay nada de lo necesario.

Esa es la moto de Pepe, el cual siempre la deja ahí.

Aquel hombre carecía de las cosas que necesitaba para su trabajo.

He mandado un recado a Manuela, que nunca tiene prisa.

He sido asaltado por un ladrón que huyó en bicicleta.

Aquél es Fabriciano, cuyo padre es muy anciano.

3.1 Construye cinco oraciones compuestas en las que aparezcan, al menos, dos subordinadas adjetivas.

1.

2.

3.

4.

5.

3.5.2.2 Funciones de los relativos.

Los relativos cumplen una doble función, que es simultánea y obligatoria. Por un lado, actúan como nexo introductor de la subordinada y, por otro, dado que se trata de pronombres y adverbios, desempeñan la función sintáctica que les corresponde dentro de su proposición. Esto ocurre en todas las de relativo, sean adjetivas o sustantivas.

Los adverbios no ofrecen problemas ya que siempre harán de CC. Así, si analizamos las subordinadas de los ejemplos anteriores:

CC CC NV CD
Vive en un país / donde nunca hace frío (impers.)
nx SV - Pred

CC VC Atr
Recuerdo aquellos tiempos / cuando éramos tan felices (nosotros)
nx SV - Pred S

CC CD NV
Es extraño el modo / como lo ha hecho (él)
SV - Pred S

Los pronombres, en cambio, como equivalentes a sintagmas nominales, pueden desempeñar todas las funciones propias de éstos. Así, pueden hacer de sujeto:

El hombre / que fuma en pipa / se llama Felipe.
S

De complemento directo:

CD
El hombre / a quien he saludado / se llama Felipe.

De complemento indirecto:

CI
El hombre / a quien he dado la mano / se llama Felipe.

De complemento circunstancial:

CC
El hombre / con el que he hablado / se llama Felipe.

De complemento agente:

CAg
El hombre / por el que he sido saludado / se llama Felipe.

De complemento regido

CR
El hombre / del que te he hablado / se llama Felipe.

De modificador preposicional:

MPrp
El hombre, la mano del cual he estrechado, se llama Felipe.

Y así sucesivamente.

El relativo **cuyo,** a diferencia de todos los demás, siempre es determinante, pues se antepone, con carácter posesivo, a un nombre que designa algo que corresponde al antecedente.

SN-CD
Dt N
El hombre / cuya mano he estrechado / se llama Felipe

(Damos por sobreentendida la función de nexo de los relativos, y no la señalaremos, si no es necesario, de aquí en adelante).

El funcionamiento de los relativos es compartido por los interrogativos que, como vimos en su momento, introducen subordinadas sustantivas:

Ignoro / quién te ha llamado.
S

CD
Dime / a quién has visto esta tarde.

CC
No sé / cómo has podido hacer eso.

APLICACIÓN PRÁCTICA

3.m Separa las subordinadas e indica qué función cumplen los relativos que las introducen.

Es una persona / que no tiene malicia.
S

Despídeme de Juana, a la que quiero mucho.

El Secretario, a quien llevaron los documentos, se negó a firmarlos

Ha ganado un set, lo cual no es poco.

No me gustan los libros cuyo contenido es pornográfico.

Sal del agujero donde te escondes.

Quien se pica ajos come.

Mateo, en casa del cual estuvimos ayer, ha enfermado.

La chica en la que piensa Manuel es una monada.

Ese tío, del cual estoy harto, es un plomo.

Cuantos allí llegaron estaban algo beodos.

3.n Construye una oración en la que aparezca un relativo en cada una de las siguientes funciones.

Sujeto.

CD.

CI.

CC.

CAg.

Atr.

CR.

Det.

3.5.2.3 Otras formas de las adjetivas.

El participio es una forma verbal que, además de servir para originar formas compuestas y perífrasis, se adjetiva con mucha facilidad. Ahora bien, cuando posee complementos propios, actúa por sí solo como núcleo del predicado y puede a menudo dar lugar a subordinadas adjetivas.

Dt N Sub. Adjet.
El atracador, acosado por la policía, se entregó por fin.
SN - S

La proposición *acosado por la policía* modifica a *atracador*, y forma parte, por lo tanto, del sujeto oracional.

El verbo de la misma es el participio *acosado*, que posee carácter pasivo y lleva un complemento agente, *por la policía*.

Es fácil reconocerlas desde el momento en que admiten, sin variar el sentido, una estructura de relativo:

El atracador, *que estaba acosado por la policía,* se entregó por fin.

Hay construcciones de gerundio a las que puede otorgarse valor adjetivo. Son aquellas en las que el gerundio aparece inmediatamente detrás de un sustantivo que actúa como sujeto u objeto directo del verbo regente.

El jefe, *viendo la cosa fea,* mandó cerrar.

Vi una mariposa *saltando de flor en flor.*

El carácter adjetivo de ambas se demuestra mediante la posibilidad de realizar sendas transformaciones de relativo:

El jefe, *que vio la cosa fea,* mandó cerrar.

Vi una mariposa *que volaba de flor en flor.*

Con todo, nunca pierden el carácter circunstancial que también encierran.

APLICACIÓN PRÁCTICA

3.ñ En las siguientes oraciones compuestas, separa las proposiciones, indica cuáles son adjetivas y señala, en su caso, la función del relativo.

El encargado del que dependo es un ogro que no me deja en paz porque, según él, todas las cosas hechas por mí están mal.

P1 El encargado es un ogro

CR

P2 del que dependo

P3 que no me deja en paz,

S

P4 porque, según él, todas las cosas están mal

P5 hechas por mí.

Son adjetivas P2, P3 y P5, porque modifican, respectivamente, a los sustantivos antecedentes *encargado, ogro* y *cosas*. P5 no lleva relativo porque está construida con un participio.

Quedaba preso en una Francia que las escuadras inglesas bloqueaban por el Atlántico, desde la cual no había modo de regresar a la tierra de los suyos.

A. Carpentier, *El siglo de las luces.*

Al oír mi nombre, tan familiarmente enunciado en ese bosque del cual conocía cada árbol, en ese condado cuyos señores derivaban de mi sangre, me estremecí de orgullo.

M. Mújica Láinez, *El unicornio*.

Aquel gimnasio era un lugar de mala muerte, frecuentado por tipos de torva catadura, chulos y descuideros que no vacilaban en limpiar los bolsillos de la ropa dejada en los vestuarios.

E. Mendoza, *La isla inaudita.*

Precisamente ella, que sólo diez minutos antes había desplegado en honor de Viladegut sus más bellas ideas, su más dulce tono de voz, hasta aquel ademán que la hacía asemejarse a una Minerva maternal y complaciente, y que guardaba para las grandes ocasiones, fue incluso la única que tradujo en palabras el general disgusto.

S. Lorén, *Una casa con goteras.*

Lo primero que sorprendió a Epaminondas Gonçalves, al entrar en el palacio del Barón de Cañabrava, en el que nunca había puesto los pies, fue el olor a vinagre y a yerbas aromáticas que impregnaba las habitaciones, por las que un criado negro lo conducía, alumbrándolo con un candil.

M. Vargas Llosa, *La guerra del fin del mundo*.

3.5.3 LAS SUBORDINADAS ADVERBIALES.

Se incluye en este apartado una extensa variedad de subordinadas que por su función equivalen, de manera más o menos exacta, a un adverbio o complemento circunstancial.

Las clasificaciones posibles son muchas, pero aquí seguiremos la más aceptada, que se fundamenta en el tipo de relación semántica que establecen. Es la siguiente:

Circunstanciales	*Correlativas*	*Mediatizadoras*
–De lugar	–Comparativas	–Causales
–De tiempo	–Consecutivas	–Finales
–De modo		–Condicionales
		–Concesivas

Veremos a continuación cada una de estas clases, sus enlaces y construcciones, teniendo en cuenta que en cada una de ellas existe un nexo prototípico al que podemos recurrir en cada caso a modo de comprobación, sobre todo cuando van encabezadas por un relacionante polivalente o por una forma no personal.

3.5.3.1 Las circunstanciales.

Equivalen directamente a un complemento circunstancial de lugar, de tiempo o de modo.

3.5.3.1.1 Circunstanciales de lugar.

SAdv-CC / Sub. loc.- CC

Te veré allí. Te veré donde solemos quedar.

Es fácil reconocerlas porque la única construcción que admiten es con el adverbio **donde** y sus derivados preposicionales: **a donde, de donde, en donde, por donde.**

3.5.3.1.2 Circunstanciales de tiempo.

SAdv-CC / Sub. temp.- CC

Llegaré temprano. Llegaré cuando me lo permitan mis deberes.

Su enlace más común y prototípico es **cuando,** pero admiten otras construcciones.

Con otros adverbios: **mientras, apenas.**

Apenas lo vio salió corriendo tras él.

Con locuciones adverbiales y prepositivas: **antes (de) que, después (de) que, hasta que, mientras que, tan pronto como,** que aportan nociones temporales de anterioridad, posterioridad o simultaneidad respecto del verbo regente.

Antes de que saliera el sol, nos pusimos en marcha.

Con al + infinitivo.

Al salir el sol nos pusimos en marcha = *Cuando salió el sol...*

Con participio + que. Se trata de una construcción estilizada que se usa, ante todo, en la lengua culta y literaria.

Salido que hubo el sol nos pusimos en marcha = *Cuando hubo salido...*

También poseen carácter de subordinación temporal ciertas construcciones impersonales con el verbo *hacer* que indican distanciamiento o separación en el tiempo.

El suceso ocurrió *hace varios días.*

3.5.3.1.3 Circunstanciales de modo.

	SAdv-CC		Sub. mod. - CC
Lo ha hecho	estupendamente.	Lo ha hecho	como ha podido.

Sus enlaces habituales son los adverbios **como** y **según (que),** pero también admiten la construcción de gerundio.

Caminaba por la calle *cantando bajo la lluvia.*

Como puede, a su vez, recibir algunos refuerzos: **así como, como que, como si, como para:**

Se hará *así como usted lo ha dicho.*

Hacía *como que no podía andar.*

Estaba *como si le hubieran dado una paliza.*

Se quedó callado, *como para concentrarse mejor.*

En los dos últimos casos se unen al valor modal el condicional y el final, respectivamente.

Los adverbios introductores de las circunstanciales, **donde, como, cuando,** etc, a diferencia de cuando actúan como relativos, pierden el valor propiamente adverbial y se limitan a ser nexos, sin cumplir ninguna otra función.

APLICACIÓN PRÁCTICA

3.o Separa las proposiciones que integran las siguientes oraciones compuestas, señala las circunstanciales y clasifícalas.

Al salir Calixto a la calle, se estiraba mucho, como si se hubiera tragado un huso, y se dirigía, andando como un pavo real, hacia donde sabía que paseaban las chicas.

P1. Al salir Calixto a la calle – Sub. circuns. de tiempo

P2. se estiraba mucho,

P3. como si se hubiese tragado un huso – Sub. circuns. modal-condic.

P4. y se dirigía,

P5. andando como un pavo real – Sub. cincuns. de modo

P5. hacia donde sabía – Sub. circuns. de lugar

P6 que paseaban las chicas.

Cuando sonó un aplauso amortiguado por la parálisis unánime del deslumbramiento y se encendieron otra vez en las mesas las pequeñas lámparas azules, miré a mi alrededor como si despertara buscando los residuos de un sueño.

A. Muñoz Molina, *Beltenebros.*

Sólo cuando doblaron la esquina, se descompuso la rigidez de Doria y se volvió hacia sus compañeros abarcándoles con los brazos abiertos y luego abrazándoles y besándoles en las mejillas.

M. Vázquez Montalbán, *El pianista*.

Cuando Juan el enterrador estima que ningún objeto queda ya sobre el cuerpo de Garabito, da un salto desde la caja de la camioneta, después de volver a tapar al difunto con la lona.

A. Grosso, *La zanja*.

Cuando supo que la tropa, después de pasar enormes dificultades para arrastrar los cañones y ametralladoras, había llegado por fin a Mulungú y que, impelidos por la hambruna, se habían visto obligados a sacrificar la última res y dos mulas de arrastre, el Consejero comentó que el Padre no debía estar descontento con Canudos cuando comenzaba a derrotar a los soldados de la República antes de que se hubiera iniciado la pelea.

M. Vargas Llosa, *La guerra del fin del mundo*.

3.p Construye cinco oraciones en las que aparezcan, al menos, dos subordinadas circunstanciales.

1.

2.

3.

4.

5.

3.5.3.2 Las correlativas.

Las denominamos así porque establecen una correlación entre dos términos. Dicha correlación se apoya en un enlace doble, una parte del cual va en la subordinante y otra en la subordinada. La primera parte cumple, aparte de la de nexo, la función sintáctica que le corresponde, mientras que la segunda solamente a veces cumple dicha función y en ocasiones es sólo enlace.

Hay dos tipos: comparativas y consecutivas.

3.5.3.2.1 Comparativas.

Relacionan dos términos equifuncionales, de manera cuantitativa o cualitativa.

Conocida es su clasificación en tres grados, que transcribimos seguidamente con sus esquemas formales más frecuentes:

Igualdad.

-Cualidad: tal... cual
tal... como
igual... que

-Cantidad: tanto... cuanto
todo... cuanto
tanto (tan)... como
igual... que

Superioridad. más... que (de)
comparativo (mayor, mejor, etc.)... que (de)

Inferioridad. menos... que (de)
comparativo (menor, peor)... que (de)

Atr Sub. Adv. comparat.
Su casa es tal como me la había descrito.
nx nx

Sub. compar.
OD OD
Tiene tanto cuanto quiere.
nx nx

MAdv Sub. compar.
Mi moto es más grande que la tuya.
nx nx

CC Sub. compar.
Lo hice mejor de lo que tú piensas.
nx nx

La RAE llama comparativas de modo a las construidas con **así.. como; como... así; cual... así; cual... tal.**

Como te comportes, así se comportarán contigo.

Así lo dije, como lo había visto.

Cual la madre... tal la hija.

Suelen coincidir los gramáticos en considerarlas simplemente adverbiales de modo, por no percibir en ellas grados comparativos.

Cuando el verbo del segundo término de la comparación coincide con el del primero, suele omitirse.

Remigio sabe tanto *como (sabe) Higinio.*

El segundo término puede ser una subordinada sustantiva con relativo.

Es más tonto *que el que asó la manteca.*

3.5.3.2.2 Consecutivas.

Manifiestan una consecuencia que se extrae del enunciado principal.

Existen dos tipos:

a) Las que llevan enlaces correlativos, en las cuales la consecuencia se deduce de la intensidad con que se expresa el enunciado principal. Dichos enlaces son:

tanto, tan, tal, de modo, de manera... que.

El primer miembro, que va en la proposición subordinante, aparte de la de nexo, cumple otra función:

MAdv — Sub. Adv. consec.
Estaba tan envanecido que casi estalla.
nx — nx

CC — Sub. Adv. consec.
Sufría tanto que lloraba a todas horas.
nx — nx

Como puede observarse, formalmente se asemejan a las comparativas, pero hay diferencias y, además, el valor semántico es totalmente distinto, no es lo mismo una comparación que un consecuencia:

Comparativas: **tal, tan, tanto... como**

Consecutivas: **tal, tan, tanto... que**

En las consecutivas puede omitirse el primer miembro :

Come *que da gusto verlo (... con tantas ganas que...)*

b) El segundo grupo de consecutivas corresponde a las también denominadas ilativas, que la gramática tradicional incluía entre las coordinadas. Sin embargo, el sentido de consecuencia es tan acusado como en las anteriores, de las que se diferencian por carecer del contenido intensivo que aquéllas poseen.

Sus enlaces no son correlativos y los más empleados son **conque, luego, por (lo) tanto, por consiguiente, por eso, así que, así pues, pues.**

Estás contento, *luego todo ha salido bien.*

La cosa no está clara, *así que ten mucho cuidado.*

Desde el punto de vista semántico las consecutivas pueden ser incluidas en el grupo siguientes, el de las mediatizadoras o causativas, ya que expresan una relación causa-efecto en sentido contrario a como lo hacen las causales:

Estoy cansado, *así que me voy a casa.* Consecutiva.

Me voy a casa *porque estoy cansado.* Causal.

Como ya hemos dicho, hay formas yuxtapuestas y coordinadas que pueden tener valor consecutivo:

Tú lo quisiste, *carga con las consecuencias (...así que carga...)*

Prepárate bien *y serás un gran artista (... y en consecuencia serás ...)*

APLICACIÓN PRÁCTICA

3.q Separa las proposiciones de las siguientes oraciones compuestas, señala las comparativas y consecutivas e indica cuáles son sus nexos.

Cuando llegó a su punto de destino estaba tan alegre como si todos sus problemas se hubieran solucionado, así que echó a andar con tanta parsimonia que llegó a la reunión más tarde que los demás consejeros.

P1 Cuando llegó a su punto de destino estaba tan alegre

nx

P2 como si todos sus problemas se hubieran solucionado – Comparat.

nx

P3 así que echó a andar con tanta parsimonia – Consecutiva

nx nx

P4 que llegó a la reunión más tarde – Consecutiva

nx nx

P5 que los demás consejeros (llegaron) – Comparativa

nx

Ha salido así tantas veces, desde que tiene uso de razón, en las noches, escondiéndose, para dar un zarpazo o evitar que se lo dieran, que no está más inquieto esta vez que las otras.

M. Vargas Llosa, *La guerra del fin del mundo*.

Mi arribo le había sido anunciado por mi abuelo, en carta lacónica, así que enseguida bajó del caballo y, apartando moros y turcos, acudió a darme la bienvenida, iluminada la cara por una expresión tan perfectamente cortés que mi miedo, si no cedió del todo, aflojó los nudos que lo agarrotaban.

M. Mújica Láinez, *Bomarzo.*

Es tan evidente que tal o cual privilegio debe ser abolido, que se procede a abolirlo; es tan cierto que tal opresión es odiosa, que se dictan medidas contra ella; es tan claro que tal personaje es un miserable, que se le condena a muerte por unanimidad.

A. Carpentier, *El siglo de las luces.*

3.r Construye tres oraciones compuestas de modo que en cada una de ellas aparezcan una subordinada comparativa y una consecutiva.

1.

2.

3.

3.5.3.3 Las mediatizadoras.

Llamadas también causativas, o de relación lógica, interfieren en el desarrollo del proceso principal indicando la causa o la finalidad del mismo, o poniendo una condición u obstáculo.

De acuerdo con ello, distinguimos cuatro clases fundamentales: causales, finales, condicionales y concesivas. Veámoslas.

3.5.3.3.1 Causales.

Indican la causa, motivo o razón por la que se lleva a efecto un proceso verbal.

Sus nexos son conjunciones y locuciones conjuntivas: **porque, puesto que, ya que, que, pues, como, como que, como quiera que, dado que.**

Lo hice *porque me lo pidieron.*

Será así, *puesto que tú lo dices.*

Como nadie me vio, pude colarme.

Espérame, *que enseguida voy.*

No te lamentes *pues no te servirá de nada.*

Dado que todos estamos de acuerdo, actuemos según lo previsto.

–¿Es cierto eso? *–Como que lo vi con mis propios ojos.*

Como quiera que se había hecho tarde, decidieron partir.

También pueden construirse con gerundio.

Habiendo estudiado a fondo, no tendré problemas en el examen.

Sea cual fuere la forma que adopten las causales, podremos reconocerlas fácilmente recurriendo a **porque,** enlace más característico: *porque tú lo dices; porque nadie me vio; porque voy enseguida; porque he estudiado a fondo, etc.*

Las que llevan como enlace **por si** reciben el nombre de causales hipotéticas, y guardan relación con las condicionales.

Te lo repetiré *por si no lo has entendido.*

En lo que se refiere a la incidencia de la causa, se distinguen dos tipos: causales del enunciado y causales de la enunciación. Las primeras indican el motivo por el que se lleva a cabo lo que se enuncia, es decir, el proceso principal:

Los Martínez no regresaron anoche *porque perdieron el tren.*

La segundas aluden a la razón por la que el hablante considera que dicho proceso no se ha realizado, esto es, la causa por la que lo dice:

Los Martínez no vinieron anoche, *porque las luces estaban apagadas.*

En el primer ejemplo se explica el motivo por el que no regresaron, y en el segundo la razón por la que el hablante piensa que no se produjo el regreso. Gráficamente se distinguen por la presencia o no de la coma, pero en ambos casos hay subordinación causal.

3.5.3.3.2 Finales.

Manifiestan el fin o intención con que se lleva a efecto el proceso expresado en la principal.

Sus nexos son locuciones conjuntivas: **para que, a que, a fin de que, con objeto de que.** El verbo va en subjuntivo.

Te contaré un chiste *para que te rías.*

Vete a la peluquería *a que te adecenten un poco.*

No dije nada *con objeto de que nadie se fijara en mí.*

Cuando el verbo va en infinitivo, se omite **que.**

Los chicos bailaban *para divertirse.*

Vete a casa *a cambiarte de ropa.*

No dije nada *con objeto de pasar inadvertido.*

Como puede verse, en estos casos el sujeto de la principal y de la subordinada suele ser el mismo, aunque no siempre:

El cerdito envió a la zorra *a cuidar sus gallinas*

Aquí el sujeto de *envió* es *el cerdito* y el de *cuidar, la zorra.*

En las construcciones de *ir + a + infinitivo,* no debemos confundir las que constituyen perífrasis incoativas con las que tienen sentido final.

Fijaos bien, que *voy a borralo* enseguida. Perífrasis.

Ve *a ver que sucede en la calle.* Sub. final.

Para distinguirlas, fijémonos en que el segundo caso admite la intercalación de elementos y la sustitución por **para:**

Ve a la calle para ver que sucede.

Si en el primero hacemos lo mismo:

Voy enseguida para borrarlo todo

observamos que el sentido cambia: adquiere el de finalidad a costa de perder el de futuro inmediato que poseía en un principio.

3.5.3.3.3 Condicionales.

Expresan una condición o requisito que ha de cumplirse para que se lleve a cabo el enunciado principal. La subordinada o condicionante se denomina *prótasis*, y la principal o condicionada *apódosis.*

Su nexo fundamental es **si:**

Si tú lo quieres, nos casamos mañana mismo.

Cuando el verbo está en indicativo, como en el ejemplo precedente, la condición es real o cumplida; en cambio, cuando va en subjuntivo, la condición es no real o no cumplida:

Si tú lo hubieras querido, ya nos habríamos casado.

Pero pueden llevar otros muchos: **como, cuando, siempre que, con tal (de) que, a condición de que...**

Cuando ella lo asegura, sus razones tendrá.

Como me toque la lotería, pido la excedencia.

Te escucharé *siempre que seas breve.*

Estaba dispuesto a invertir *con tal que le asegurasen beneficios.*

Te seguiré *a condición de que no corras mucho.*

Admiten asimismo construcciones con formas no personales.

Con infinitivo:

de + infinitivo: *De haberlo sabido,* te habría avisado.

a no + infinitivo: *A no haberlo visto,* me hubiera dado un golpe.

a condición de + infinitivo: Entraremos *a condición de sacar el el billete.*

Con gerundio:

Siendo así, no hay problema.

Con participio:

Admitido el pacto, hay que cumplirlo.

En cualquiera de los casos, la posibilidad de emplear **si** nos muestra el valor condicional: *Si ella lo asegura...; Si me toca la lotería...; ... si eres breve; ... si le aseguraban beneficios; ... si no corres mucho; Si lo hubiera sabido...; Si no lo hubiera visto...; ... si sacamos el billete; Si es así...; Si se ha admitido el pacto...*

3.5.3.3.4 Concesivas.

Presentan un obstáculo para el cumplimiento de la acción principal, pero no llegan a impedirla.

El enlace concesivo por excelencia es **aunque,** pero también se usan locuciones y adverbios: **a pesar de que, aun cuando, bien que,mal que, así, por más que, si bien...**

Vendrás conmigo *aunque no quieras.*

A pesar de que se lo advirtieron, cayó en el engaño.

Lo intentaré *aun cuando resulte peligroso.*

Me escucharás hasta el final, *mal que te pese.*

No entraría en esa casa *así me hicieran duque.*

Por más que porfié, no puede convencerlo.

El museo, *si bien es pequeño,* tiene un gran atractivo.

Admiten también formas no personales:

Con + Infinitivo: *Con ser tan listo,* ha suspendido matemáticas.

Aun + gerundio: *Aun teniendo mucho frío,* siguió paseando.

En todos los casos el valor concesivo se demuestra mediante la sustitución por **aunque:** *Aunque se lo advirtieron...; ... aunque resulte peligroso; ... aunque te pese; ... aunque me hicieran duque; Aunque porfié...; ... aunque es pequeño...; Aunque es tan listo...; Aunque tenía mucho frío...*

Como ya sabemos, **aunque** puede tener también valor adversativo. Más adelante veremos la manera de diferenciarlos.

APLICACIÓN PRÁCTICA

3.s En las siguientes oraciones separa las proposiciones, señala las mediatizadoras e indica de qué tipo es cada una.

Como el lugar estaba en un alto, tuvimos que ascender una empinada cuesta para llegar hasta él, y cuando por fin estuvimos allí, pensé que, si bien el paisaje era bonito, no había merecido la pena tanto esfuerzo.

P1 Como el lugar estaba en un alto – Sub. Adverbial causal

P2 tuvimos que ascender una empinada cuesta

P3 para llegar hasta él, – Sub. Adverbial final

P4 y pensé

P5 cuando por fin estuvimos allí,

P6 que no había merecido la pena tanto esfuerzo,

P7 si bien el paisaje era bonito – Sub. Adverbial concesiva.

Por último, para terminar con este análisis amargo, anotaré que se me ocurre ahora que si mi padre, mi abuelo, Girolamo y Maerbale procedieron conmigo con tan encarnizada perseverancia, fue porque acaso captaron desde el comienzo que yo era distinto en esencia.

M. Mújica Láinez, *Bomarzo*.

Aunque distaba mucho del proyecto original, María Clara había acogido esta oportunidad inesperada con auténtica alegría, porque para entonces sólo pensaba en escapar del medio familiar, que se le había hecho progresivamente asfixiante.

E. Mendoza, *La isla inaudita.*

Si mis razones fueran las de Lord Chandos de Hofmannsthal, no habría motivo de queja, pero si esta repulsión a la retórica (porque en el fondo es eso) sólo se debe a un desecamiento verbal, correlativo y paralelo a otro vital, entonces sería preferible renunciar de raíz a toda escritura.

J. Cortázar, *Rayuela.*

3.t Ahora construye tú tres oraciones compuestas en las que, al menos, se incluyan dos subordinadas mediatizadoras.

1.

2.

3.

3.5.4 NEXOS Y FORMAS POLISÉMICAS.

Como hemos ido viendo, existen nexos y formas no personales que pueden adquirir distintos valores sintácticos, es decir, pueden introducir coordinadas y subordinadas de diferentes clases. Por ello vamos a realizar a continuación un resumen de los más frecuentes y destacados, sin olvidar que la mejor regla para reconocer el valor que poseen en cada caso es la de la sustitución por un enlace inequívoco.

3.5.4.1 Que.

Pueden distinguirse tres tipos de **que:** relativo, conjunción y expletivo.

***Que* relativo.**

Cumple, a la vez, las funciones de nexo y la que le corresponde en cada caso, dentro de su proposición, como pronombre que es: sujeto, CD, CI, etc.

Puede ir precedido del artículo e introduce dos clases de subordinadas: adjetivas:

No me gusta el vestido que (CD / nx) llevas puesto.

y sustantivas:

Los que (nx - S) me lo dijeron no mentían.

***Que* conjunción.**

Su función es solamente la de un relacionante y puede adquirir en el discurso valores muy diferentes.

Conjunción completiva, introduciendo proposiciones sustantivas.

Recuerda *que me lo has prometido.*

Causal: No corras, *que te vas a caer (... porque te vas...).*

Comparativa, introduciendo el segundo término.

María es más guapa *que ninguna.*

Consecutiva, también ante el segundo miembro.

Llovió tanto *que hasta las ranas criaron pelo.*

Condicional, en forma de interrogación.

¿Que no lo entiendes? Vuelve a preguntar *(Si no lo entiendes...).*
Final: *Espera un momento que te vea (...para que te vea).*

Aunque no es frecuente, puede tener valor coordinante.

Copulativa: Corre *que te corre.*

Disyuntiva: Quieras *que no* (Quieras o no).

Adversativa: Ha sido niño, *que no niña* (No ha sido niño, sino niña)

Hay otros muchos casos en los que esta partícula aparece formando parte de locuciones conjuntivas: **antes que** (temporal); **así que** (consecutiva); **para que** (final); **ya que** (causal), **a pesar de que** (concesiva); **a condición de que** (condicional), y un largo etcétera. Dado que las hemos visto en su momento y que no suelen inducir a confusión, no consideramos necesario detenernos más en ellas.

***Que* expletivo.**

Los expletivos son partículas que se introducen en el discurso como elementos expresivos, intensificadores o de refuerzo, pero no aportan un valor sintáctico o relacionante propiamente dicho. Son muy frecuentes en el habla coloquial, y **que** más que ningún otro. Sus matices son muy variados. Citemos a modo de ejemplo:

Refuerzo de afirmaciones y de negaciones:

Que sí, hombre, que sí; Que no quiero.

Informativo y de advertencia.

Que ya podéis venir; Que te van a ver.

Desiderativo y exhortativo:

Que tengan un buen día; Que se presente enseguida.

3.5.4.2 Como, cuando, donde.

Estos adverbios pueden, en principio, introducir tres clases de subodinadas que es preciso distinguir muy bien.

Sustantivas, si bien en este caso tienen carácter interrogativo y, por lo tanto, se acentúan:

CC CC CC

Dime cómo lo has hecho; No sé dónde está; Ignoro cuándo vendrá

nx nx nx

Adjetivas. Pasan a denominarse adverbios relativos y llevan antecedente. Pueden ser sustituidos por un pronombre relativo con preposición.

CC

No me gusta la forma como lo han hecho (... en que lo han hecho).

nx

CC

Conozco un árbol donde hay un nido (...en el que hay...).

nx

CC

Añoramos el tiempo cuando éramos niños (... en que éramos...).

nx

Adverbiales, equivalentes a un CC de modo, lugar o tiempo. Aquí los adverbios no cumplen ninguna función que no sea la de nexo, y no llevan antecedente.

Caminaba como podía = Caminaba con dificultad.

nx

Escapó por donde pudo = Escapó por un callejón.

nx

Hablaremos cuando te hayas clamado = Hablaremos después.

nx

3.5.4.3 Otros valores de *como* y *cuando*.

Además de los vistos en el epígrafe precedente, **como** puede adquirir otros valores subordinantes.

Comparativo de igualdad, introduciendo el segundo miembro.

Es tan fuerte *como un roble.*

Causal. *Como era de noche,* abandonaron la búsqueda (Porque era...)

Condicional. *Como lo pille,* lo destrozo (Si lo pillo...).

Cuando puede ser, asimismo, condicional.

Cuando todos lo dicen, algo habrá (Si todos...).

Concesivo, precedido de **aun.**

Debes jugar con tus hijos, *aun cuando estés muy ocupado* (... aunque estés...).

3.5.4.4 Aunque.

Su valor más genuino es el concesivo, y lo posee siempre que el verbo está en subjuntivo.

Quiéreme *aunque sea sólo un poquito.*

Sin embargo, cuando va en indicativo, si bien en ocasiones sigue siendo claramente concesivo, en otras puede interpretarse como adversativo.

Aunque me tienes harto te acompañaré. Concesiva.

Parece tonto, *aunque a veces sorprende.* Adversativa.

Para que pueda interpretarse como adversativo, ha de poder ser sustituido por **pero** *(...pero a veces sorprende)*, y necesariamente la subordinada ha de ir detrás de la principal. No obstante, siempre es admisible la interpretación como concesiva, dado que su lugar puede ser ocupado por **a pesar de que** *(... a pesar de que a veces...).*

3.5.4.5 Si.

Nos referimos, claro está, al **si** sin acento, no al adverbio de afirmación.

Su valor más característico es el de conjunción condicional.

Si me quieres, dímelo.

Pero también se utiliza para introducir sustantivas en función de complemento directo, dentro del grupo de las interrogativas indirectas.

No recuerdo *si he comprado el azafrán.*

También tiene carácter de expletivo en casos como el llamado **si de protesta.**

¿Qué dices? *¡Si yo no he sido!*

O el de sorpresa.

¡Anda! *¡Si es el cabezón de antes!*

3.5.4.6 Pues.

Puede ser causal.

No puedo ayudarte, *pues no lo sé* (... porque no lo sé).

Y consecutivo.

Insisto, *pues, en que no hay motivos para ello* (Insisto, por tanto ...).

Pero el más abundante es el expletivo, con diferentes matices, que siempre guardan una relación, más o menos vaga, con la consecuencia.

Reforzando afirmaciones y negaciones: *Pues sí; Pues no.*

Iniciando respuestas: –¿Por qué no me lo dijiste? *–Pues porque no te encontré.*

Continuativo: Como tardabas en venir, *pues me fui yo sola.*

Y muchos otros.

3.5.4.7 El infinitivo.

Además de aparecer en oraciones independientes y en perífrasis, puede dar lugar a diversos tipos de subordinadas. Lo más frecuente es que introduzca subordinadas sustantivas en diferentes funciones.

Ganar dinero es el principal afán de mucha gente.

Se despreocupó *de averiguar su paradero.*

Adoptó la resolución *de no presentarse al examen.*

Puede originar temporales, precedido de **al.**

Al entrar el jefe, se pusieron de pie (Cuando entró...).

Causales, con **por** delante.

Por llegar tarde no pudo entrar (Porque llegó tarde...).

Finales, precedido de **a** o **para.**

Iremos al cine, *a ver el último estreno.*

Pepi ha venido *para pasar aquí unos días.*

Condicionales, antecedido de **a** o **de.**

A no ser ése, no quiero otro (Si no es ése...).

De no ser por ti no lo hubiera logrado (Si no hubiera sido...).

Concesivas, precedido de **con.**

Con ser muchos, no son suficientes (Aunque son muchos...).

3.5.4.8 El gerundio.

También puede actuar como verbo independiente y formar parte de perífrasis. En cuanto a las subordinadas que origina, son asimismo múltiples.

Circunstanciales de modo.

El obispo ha llegado *repartiendo bendiciones.*

Adjetivas, explicativas del sujeto o del complemento directo, aun sin abandonar el significado adverbial.

El bandolero, *viéndose perdido,* salió al galope (...que se vio...)

Encontré a Manuela *regando sus flores* (... que regaba...).

Temporales.

Volviendo del trabajo, me encontré con Bartolo (Cuando volvía...)

Causales.

Habiendo hecho lo posible, tengo la conciencia tranquila (Porque he hecho lo posible...).

Condicionales.

Haciéndolo con cuidado, os saldrá perfecto (Si lo hacéis...).

Concesivas, precedido de **aun.**

Aun saliendo muy temprano, llegarás de noche (Aunque salgas...).

3.5.4.9 El participio.

Además de su intervención en tiempos compuestos y perífrasis, el participio, actuando como verbo, origina diversos tipos de subordinadas.

Adjetivas.

Romualdo, *vencido por la desgracia,* abandonó.

Temporales.

Firmado que se hubo el acuerdo, todos se felicitaron (Cuando se hubo firmado...).

Acabada la misa, salieron de la iglesia (Cuando acabó...).

Condicionales.

Fijado un horario, hay que respetarlo (Si se fija...).

Concesivas.

El texto, *aun estudiado por muchos especialistas,* sigue teniendo dificultades (... aunque ha sido estudiado...).

APLICACIÓN PRÁCTICA

3.u Indica de qué clase son las subordinadas incluidas en cada una de las siguientes oraciones.

Como me lo contaron te lo cuento:

No te rías, que es peor:

No sé si lo encontraré:

Don Toribio, pues, se dio por conforme:

Cuando tú lo dices, será verdad:

Aunque la mona se vista de seda, mona se queda:

El lugar donde me hallo es la cima de un monte:

Verdad es, aunque no se puede demostrar:

No dudo de que sea cierto:

Como no te apresures, no vas a llegar a tiempo:

Pregunta cuándo empieza el cine:

Ésta es la llave que abre la puerta:

No pude oírlo, pues no funcionaba el aparato:

No es tanto como decían:

Si lo tienes, déjamelo:

3.v Haz lo mismo con las siguientes, construidas con formas no personales.

Al verlo, se echó a temblar:

Estaba ansiosa por ver a sus padres:

Entró en la sala haciendo reverencias:

Buscándolo por todas partes, al final lo encontrarás:

La criatura, abandonada por sus padres, temblaba de miedo:

De no haberme dado cuenta, hubiera metido la pata:

Habiendo hecho su tarea, pudo descansar tranquilo:

Te lo mereces por ser tan tonto:

Revisadas las copias, se comenzó a imprimir:

Tengo que volver a casa a buscar dinero:

3.5.5 PUNTUALIZACIONES SOBRE EL ANÁLISIS ORACIONAL COMPLEJO.

Con todo lo visto, nos encontramos ya en disposición de abordar un análisis oracional completo. No obstante, conviene realizar previamente algunas puntualizaciones para dejar claros algunos aspectos del mismo.

a) La oración posee un significado global y unitario por lo que, desde el punto de vista semántico, es indivisible. La partición en proposiciones que realizamos obedece a razones metodológicas de cara al propio análisis, pero no olvidemos que cada una de ellas solamente tiene sentido dentro del conjunto oracional.

b) Cada proposición, en cuanto que formalmente es una oración, posee sujeto y predicado propios, pero en la oración compuesta existen siempre un sujeto y un predicado oracionales. El sujeto oracional coincide con el de la proposición principal, con todos los modificadores que éste lleve. Así, en la oración

Manuel, que había salido a la calle, tuvo que volver a casa porque llovía

el sujeto oracional es *Manuel, que había salido a la calle,* puesto que la subordinada adjetiva, *que había salido a la calle,* modifica a *Manuel,* núcleo de dicho sujeto. Todo lo que resta es el predicado oracional

Puede haber más de un sujeto y de un predicado oracionales, cuando hay dos o más proposiciones principales coordinadas entre sí. Se dice entonces que la oración tiene estructura compleja. Veamos un ejemplo.

Antonia quería que le permitieran volver tarde a casa, pero sus padres se opusieron tajantemente porque temían que le ocurriera algo.

La conjunción adversativa **pero** coordina las dos principales: *Antonia quería + sus padres se opusieron tajantemente,* y por ende, los dos bloques oracionales que se constituyen: *Antonia quería que le permitieran volver tarde a casa + (pero) sus padres se opusieron tajantemente porque temían que le ocurriera algo.* Tenemos, por consiguiente, que la oración está integrada por dos estructuras paralelas, relacionadas en pie de igualdad, cada una de las cuales tiene su propio sujeto y su propio predicado:

Primer sujeto oracional: *Antonia.*

Primer predicado oracional: *quería que le permitieran volver tarde a casa.*

Segundo sujeto: *sus padres.*

Segundo predicado: *se opusieron porque temían que le ocurriera algo*

c) La denominación de proposición principal obedece al hecho de que de ella dependen todas las demás, es el núcleo de la subordinación.

d) El análisis no consiste en una simple enumeración de proposiciones, sino que es preciso señalar la función de cada una, qué es lo que hacen dentro de la estructura. Por ello no basta indicar que una proposición es coordinada o subordinada y a qué grupo pertenece, sino que es preciso establecer las relaciones que mantiene con las demás: con cuál se coordina, o a cuál se subordina, y cuál es la función que desempeña dentro del conjunto oracional. No olvidemos que, en cierto modo, las proposiciones actúan dentro de la oración compuesta igual que los sintagmas en la oración simple.

e) Toda proposición subordinada a otra que, a su vez, se subordina a una tercera, se incluye en la misma función. Así, pongamos por caso, si una es complemento directo del verbo principal y lleva, a su vez, una subordinada causal, esta última formará también parte del complemento directo. Es lo que sucede en este ejemplo:

Marianito pidió que le compraran otra bici porque la suya estaba ya muy vieja.

El verbo *pidió,* transitivo, tiene un CD, que es la proposición siguiente, *que le compraran otra bici,* sustantiva. Ésta, por su parte, contiene una subordinada causal, *porque la suya estaba ya muy vieja,* que forma parte de su predicado. Por tanto, el CD completo de *pidió* es *que le compraran otra bici porque la suya estaba ya muy vieja.*

f) Recordemos también que las proposiciones coordinadas entre sí cumplen idéntica función. Así en

Si no quieres o no puedes, no lo hagas

la segunda, *o no puedes,* es coordinada disyuntiva con la primera, *Si no puedes,* por lo que, al igual que ésta, es subordinada condicional respecto de la principal, *no lo hagas.*

g) Señalemos, finalmente, que los diagramas que utilizamos, constituyen únicamente una forma externa y accesoria, no esencial, puesto que el análisis puede realizarse con cualquier tipo de diagramas, incluso sin ninguno. Lo importante es entender y explicar adecuadamente la estructura y función de los distintos componentes oracionales.

3.5.6 MÉTODO Y ORDEN DEL ANÁLISIS.

Para explicar los pasos que es preciso dar según el método de análisis oracional que aquí estamos empleando, nos apoyaremos en un ejemplo.

Admito que mi tratamiento era poco considerado, pero debo recordar a quien así lo estime que estábamos entrando en un laberinto y que sólo la tonta cataléptica que me había agenciado podía guiarme de forma segura por aquel dédalo de corredores.

E. Mendoza, *El misterio de la cripta embrujada.*

1. Distinguir las oraciones incluidas en el párrafo o fragmento que se va a analizar. En nuestro ejemplo –como en la mayoría de los que luego propondremos, puesto que nuestro objeto es el análisis de oraciones, no de textos– podemos obviar este primer paso, ya que sólo hay una oración.

2. Separar las proposiciones incluidas en la oración. Para ello emplearemos los símbolos P1, P2, P3..., según el orden espacial que sigan. Recordemos que lo que nos da la pauta de las proposiciones es la presencia de los predicados y sus núcleos, los verbos. No olvidemos tampoco que en una proposición puede introducirse otra, como elemento explicativo, antes de que la primera haya finalizado, como sucede entre la sexta y séptima del ejemplo. Observemos, asimismo, cuál es la introducida por cada nexo.

En el presente caso las proposiciones existentes son:

P1. *Admito*

P2. *que mi tratamiento era poco considerado*

P3. *pero debo recordar*

P4. *a quien así lo estime*

P5. *que estábamos entrando en un laberinto*

P6. *y que sólo la tonta cataléptica podía guiarme de forma segura por aquel dédalo de corredores*

P7. *que me había agenciado.*

(En adelante no realizaremos esta primera transcripción de las proposiciones, puesto que la haremos posteriormente al analizarlas).

3. Estructura oracional. Se trata de señalar el sujeto y el predicado oracionales, o los sujetos y predicados en el caso de que sea compleja, como es el que aquí se nos presenta.

Primer sujeto oracional: *yo*, en la desinencia del primer verbo principal, *admito.*

Primer predicado oracional: *admito que mi tratamiento era poco considerado.*

Segundo sujeto oracional: vuelve a ser *yo*, en la desinencia del segundo verbo principal, *debo recordar*.

Segundo predicado oracional: *debo recordar a quien así lo estime que estábamos entrando en un laberinto y que sólo la tonta cataléptica que me había agenciado podía guiarme de forma segura por aquel dédalo de corredores.*

4. Análisis, clase y función de las proposiciones. Analizaremos ahora la estructura interna de cada una de las proposiciones, como si se tratara de oraciones simples, teniendo en cuenta:

–Nexo, sujeto y predicado.

–Componentes del predicado.

–Análisis de cada sintagma.

A continuación indicaremos cuál es el tipo de relación que mantiene –coordinada o subordinada–, de qué tipo es, con qué otras proposiciones se relaciona y qué función desempeña dentro de la estructura oracional. Aclararemos, asimismo, cualquier matiz o circunstancia que lo requiera, por su dificultad o por su posible ambigüedad. Veámoslo.

	NV	
P1.	Admito	(yo, en la desinencia verbal)
	SV-Pred	S

Es una proposición principal, primer núcleo de subordinación dentro de la estructura oracional.

					VC	SAdj-Atr
		Dt	N		MAdv	N
P2.	que	mi	tratamiento	era	poco	considerado
	nx	SN - S		SV - Pred		

Es una subordinada sustantiva que actúa como complemento directo del verbo principal, *admito*.

		NV	
P3.	pero	debo recordar	(yo, en la desinencia)
	nx	SV-Pred	S

Mantiene con P1 una relación de coordinación adversativa, por lo que, como ella, es principal.

```
                CC  CD  NV
P4. A  quien   así  lo  estime
    nx   S        SV - Pred
```

Es una subordinada sustantiva que actúa como complemento indirecto dentro del predicado de P3. El relativo, aunque no lo señalemos, es nexo, además de cumplir la función de sujeto.

```
                    NV                 SPrp-CC
                                    nx Dt    N
P5. que  estábamos entrando   en un laberinto  (Nosotros, en la desin.)
    nx              SV - Pred                         S
```

También es subordinada sustantiva y depende, asimismo, de P3, pero su función es la de complemento directo de *debo recordar*.

```
               CC                                   NV      CD      SPrp-CC
                     Dt MAdj      N                               nx   N     MAdj
P6. y  que   sólo   la tonta cataléptica   podía guiarme   de forma segura
    nx nx    Pred          SN - S                       SV - Pred

                SPrp-CC
nx    Dt      N          MPrp
                       nx     N
por aquel dédalo de corredores
            SV - Pred
```

Va coordinada con la anterior, por lo que también es subordinada sustantiva, CD del verbo principal, junto con P7, que se integra en ella por subordinación.

```
     CD  CI         NV
P7. que  me  había agenciado  (yo, en el contexto)
    nx        SV - Pred          S
```

Es una subordinada adjetiva que modifica al sujeto de P6, que es el antecedente del relativo, por lo que forma parte de dicho sujeto.

EJERCICIOS RESUELTOS

1. *Vine a Madrid para matar a un hombre a quien no había visto nunca.*

A. Muñoz Molina, *Beltenebros*.

Se trata de una oración compuesta que está constituida por tres proposiciones.

Estructura oracional.

Sujeto: *Yo,* en la desinencia verbal.

Predicado: *Vine a Madrid para matar a un hombre a quien no había visto nunca.*

Análisis, clase y función de las proposiciones.

NV SPrp-CC
nx N
P1. Vine a Madrid (yo, en la desinencia)
SV - Pred S

Es la proposición principal. A ella se subordinan las demás.

NV SPrp-CD
nx Dt N
P2. para matar a un hombre (yo, en el contexto)
nx SV -Pred S

Subordinada adverbial final de la principal. En ella se integra la siguiente proposición.

SPrp-CD CNg NV SAdv-CC
nx N
P3. a quien no había visto nunca (yo, en el contexto)
SV - Pred S

Subordinada adjetiva que modifica a *hombre,* y se incluye en el C.D. de P2.

2. *Al llegar a la plaza de la catedral me di cuenta de que ya me habían encontrado.*

A. Muñoz Molina, *Beltenebros*.

Oración compuesta formada por tres proposiciones.

Estructura oracional.

Sujeto: *Yo,* en la desinencia del verbo principal.

Predicado: *Al llegar a la plaza de la catedral me di cuenta de que ya me habían encontrado.*

Análisis, clase y función de las proposiciones.

```
         NV          SPrp -CC
                nx Dt  N        MPrp
                             nx Dt   N
P1. Al  llegar  a la plaza de la catedral  (yo, en el contexto)
    nx             SV - Pred                S
```

Subordinada adverbial de tiempo, CC de P2, que es la principal.

```
    CI  NV  SN-CD
P2. me  di  cuenta  (yo, en la desinencia)
      SV - Pred      S
```

Es, como hemos dicho, la proposición principal.

```
            CC  CD         NV
P3. de que  ya  me  habían encontrado  (impersonal).
      nx           SV - Pred
```

Subordinada sustantiva en función de modificador preposicional del sustantivo *cuenta,* por lo que forma parte del CD de la anterior.

El sujeto está indeterminado, por lo que la consideramos impersonalizada.

3. ***Después de tender la ropa, sentí dolores y entré para quedarme quieta en la cama y esperar.***

J. Carlos Onetti, *El astillero.*

Oración compuesta, con cinco proposiciones.

Estructura oracional. Es compleja, puesto que hay dos proposiciones principales (P2 y P3) coordinadas entre sí y, por ello, dos sujetos y dos predicados oracionales.

Primer sujeto: *yo,* en la desinencia verbal.

Primer predicado: *sentí dolores después de tender la ropa.*

Segundo sujeto: *yo,* también en la terminación del verbo.

Segundo predicado: *entré para quedarme quieta en la cama y esperar.*

Análisis, clase y función de las proposiciones.

		NV	SN-CD	
			Dt N	
P1	Después de	tender	la ropa	(yo, en el contexto)
	nx	SV - Pred		S

Es subordinada temporal de P2, aunque también podría considerarse que lo está, a la vez, a P3, coordinada con P2.

	NV	SN-CD	
P2	sentí	dolores	(yo, en la desinencia verbal)
	SV - Pred		S

Proposición principal, núcleo de subordinación.

		NV	
P3	y	entré	(yo, en la desinencia)
	nx	SV-Pred	S

Coordinada copulativa con P2, principal también, por lo tanto.

		NV	CPred	
P4	para	quedarme	quieta	(yo)
	nx	SV - Pred		S

Subordinada final de P4.

		NV	
P5	y	esperar	(yo, en el contexto)
	nx	SV-Pred	S

Coordinada copulativa con P4, también subordinada final, por consiguiente, de P3.

4. ***Dejó el bolso y el chal encima de la cama con la determinación de quien se dispone a cumplir una tarea breve y enojosa y siguió mirándome con los brazos cruzados.***

A. Muñoz Molina, *Beltenebros.*

Oración compuesta, constituida por tres proposiciones.

Estructura oracional. Es compleja, puesto que hay dos sujetos y dos predicados oracionales al haber dos proposiciones principales coordinadas entre sí, P1 y P3.

Primer sujeto: *ella,* en el contexto.

Primer predicado: *dejó el bolso y el chal encima de la cama con la determinación de quien se dispone a cumplir una tarea breve y enojosa.*

Segundo sujeto: *ella,* en el contexto.

Segundo predicado: *siguió mirándome con los brazos cruzados.*

Análisis, clase y función de las proposiciones.

	NV	CD					SPrp - CC			SPrp - CC		
		SN		nx	SN							
		Dt	N		Dt	N	nx	Dt	N	nx	Dt	N
P1	Dejó	el	bolso	y	el	chal	encima de	la	cama	con	la	determinación
	SV - Pred											

(ella, en el contexto)
S

Proposición principal.

			NV	SN - CD					
				Dt	N	MAdj	nx	MAdj	
P2	de	quien	se dispone a cumplir	una	tarea	breve	y	enojosa	
	nx	S	SV - Pred						

Proposición subordinada sustantiva en función de modificador preposicional del sustantivo *determinación,* por lo que forma parte del segundo CC de P4.

Consideramos que *se dispone a cumplir* posee carácter de perífrasis incoativa. *Se* va integrado en el verbo.

NV — CD — SPrp - CC
nx — Dt — N — MAdj
P3 y siguió mirándome con los brazos cruzados (ella, en el contexto)
nx — SV - Pred — S

Coordinada copulativa con P1, principal como ella.

El verbo es una perífrasis de gerundio.

5. *Lo que de lejos me había parecido una decente casa de suburbio con jardín era en realidad uno de esos maltratados palacios italianos que tienen en los bajos grandes carpinterías y almacenes.*

A. Muñoz Molina, *Beltenebros.*

Oración compuesta, integrada por tres proposiciones.

Estructura oracional.

Sujeto: *Lo que de lejos me había parecido una decente casa de suburbio con jardín,* es decir, P1, subordinada sustantiva del verbo principal.

Predicado: *era en realidad uno de esos maltratados palacios italianos que tienen en los bajos grandes carpinterías y almacenes.*

Análisis, clase y función de las proposiciones.

SAdv-CC — CI — NV — SN - CPred
Dt — N — nx — N — Dt — MAdj — N — MPrp
nx — N
P1. Lo que de lejos me había parecido una decente casa de suburbio
Sn-S — SV - Pred

CPred
MPrp
nx — N
con jardín.
SV-Pred

Como ya hemos indicado, es una subordinada sustantiva en función de sujeto de P2, la principal.

```
VC   SPrp-CC                    SN - Atr
     nx   N       N                  MPrp
                       nx   Dt   MAdj        N        MAdj
P2. era  en realidad  uno de esos maltratados palacios italianos  (P1)
                        SV - Pred                                   S
```

Proposición principal.

```
        NV        SPrp-CC              SN - CD
                  nx  Dt  N    MAdj       SN      nx    SN
P3. que  tienen  en los bajos  grandes carpinterías y almacenes.
    S                    SV - Pred
```

Subordinada adjetiva que modifica al atributo de P2 formando, por tanto, parte de él.

6. Aquella mañana Larsen llegó al astillero cerca de las diez, saludó al perfil de Kunz que examinaba un álbum de estampillas sobre la mesa de dibujo, y entró inquieto en su oficina.

J. Carlos Onetti, *El astillero*

Es una oración compuesta, con cuatro proposiciones.

Estructura oracional. Es compleja, puesto que al haber tres proposiciones principales, coordinadas entre sí, hay tres sujetos y tres predicados oracionales.

Primer sujeto: *Larsen*

Primer predicado: *aquella mañana llegó al astillero cerca de las diez*

Segundo sujeto: *Larsen,* en el contexto.

Segundo predicado: *saludó al perfil de Kunz que examinaba un álbum de estampillas sobre la mesa de dibujo.*

Tercer sujeto: *Larsen,* también en el contexto.

Tercer predicado: *entró inquieto en la oficina.*

Análisis, clase y función de las proposiciones.

	SN-CC			NV	SPrp-CC		SPrp-CC		
	Dt	N			nx/Dt	N	nx	Dt	N
P1.	Aquella	mañana	Larsen	llegó	al	astillero	cerca de	las	diez
	SV-Pred		SN-S	SV - Pred					

Proposición principal, núcleo de subordinación.

	NV	SPrp-CD				
		nx/Dt	N	MPrp		
				nx	N	
P2.	saludó	al	perfil	de	Kunz	(Larsen, en el contexto)
	SV - Pred					S

Coordinada con P1, también principal.

		NV	SN-CD				SPrp-CC				
			Dt	N	MPrp		nx	Dt	N	MPrp	
					nx	N				nx	N
P3.	que	examinaba	un	álbum	de	estampillas	sobre	la	mesa	de	dibujo
	S	SV - Pred									

Subordinada adjetiva que modifica al CD de la anterior, del cual forma parte.

		NV	CPred	SPrp-CC			
				nx	Dt	N	
P4.	y	entró	inquieto	en	su	oficina	(Larsen, en el contexto)
	nx	SV - Pred					S

Coordinada copulativa con P1 y P2, principal como ellas.

7. ***Nuestra lengua, nuestra literatura y nuestra ortografía se apegan rutinariamente a tradiciones rutinarias y preceptos que hoy nos son casi enteramente extraños y que nunca podrán interesarnos.***

A. Rosenblat, *Nuestra lengua en ambos mundos.*

Oración compuesta, formada por tres proposiciones.

Estructura oracional.

Sujeto: *Nuestra lengua, nuestra literatura y nuestra ortografía*

Predicado: *se apegan rutinariamente a tradiciones rutinarias y preceptos que hoy nos son casi enteramente extraños y que nunca podrán interesarnos.*

Análisis, clase y función de las proposiciones.

```
     SN              SN          nx       SN          NV
  Dt     N       Dt       N          Dt       N
P1. Nuestra lengua, nuestra literatura y nuestra ortografía  se apegan
                    S                                        Pred

  SAdv-CC                        CI
                    SPrp              nx    SN
            nx     N       MAdj
rutinariamente  a tradiciones rutinarias y preceptos
                     SV - Pred
```

Proposición principal. El sujeto es complejo y está formado por tres sintagmas nominales coordinados entre sí, así como el CI está también constituido por dos sintagmas.

```
        CC  CI   VC           SAdj-Atr
                         MAdv              N
                     MAdv       N
P2. que  hoy  nos  son  casi  enteramente extraños
     S                SV - Pred
```

Subordinada adjetiva que modifica y se integra en el CI de la anterior

```
         SAdv-CC      NV       CI
P3. y  que  nunca  podrán interesarnos
    nx  S          SV - Pred
```

Coordinada copulativa de la anterior. Es también subordinada adjetiva en función modificadora del CI de P1.

8. Dicen las leyendas que en la China antigua hubo mandarines condenados a muerte porque olvidaron poner una coma de oro en un texto sagrado.

A. Rosenblat, *Nuestra lengua en ambos mundos.*

Oración compuesta, con cinco proposiciones

Estructura oracional.

Sujeto: *las leyendas.*

Predicado: *Dicen que en la China antigua hubo mandarines condenados a muerte porque olvidaron poner una coma de oro en un texto sagrado.*

Análisis, clase y función de las proposiciones.

NV

Dt N

P1. Dicen las leyendas

SV-Pred SN-S

Es la proposición principal, de la que dependen todas las demás.

SPrp-CC NV SN-CD

nx Dt N MAdj

P2. que en la China antigua hubo mandarines (impersonal)

nx SV - Pred

Subordinada sustantiva en función de CD del verbo principal, junto con todo lo que sigue, subordinado a su vez a ella.

Es impersonal gramaticalizada, carece de sujeto.

NV Sprp-CR

nx N

P3. condenados a muerte (mandarines, en el contexto)

SV - Pred S

Subordinada adjetiva, construida con participio, que modifica al CD de la anterior, del que, por tanto, forma parte, junto con las proposiciones siguientes. La presencia del complemento regido nos induce a considerarla una proposición, y no un simple modificador adjetivo.

NV

P4. porque olvidaron (los mandarines, en el contexto)

nx SV-Pred S

Subordinada causal de la anterior. En ella se integra P5.

NV SN - CD SPrp - CC

Dt N MPrp nx Dt N MAdj

nx N

P5. poner una coma de oro en un texto sagrado (los mandarines)

SV - Pred S

Subordinada sustantiva, complemento directo de la anterior.

9. ***Una ojeada nos bastó para comprobar que los dos nos hemos interesado por la misma muchacha, o que a los dos nos están emocionando las luces del atardecer.***

A. Gala, *El manuscrito carmesí.*

Es una oración compuesta, integrada por cuatro proposiciones.

Estructura oracional.

Sujeto: *Una ojeada.*

Predicado: el resto.

Análisis, clase y función de las proposiciones.

CI NV

Dt N

P1. Una ojeada nos bastó

SN-S SV-Pred

Es la proposición principal.

NV

P2. para comprobar (nosotros, en el contexto)

nx SV-Pred S

Subordinada adverbial de finalidad con respecto a la anterior. En ella se integran todas las demás.

NV SPrp-CR

Dt N nx Dt Dt N

P3. que los dos nos hemos interesado por la misma muchacha

nx SN-S SV - Pred

Subordinada sustantiva en función de CD de la P2.

SPrp-CD CD NV

nx Dt N Dt N MPrp

nx/Dt N

P4. o que a los dos nos están emocionando las luces del atardecer.

nx nx SV - Pred SN - S

Coordinada disyuntiva con la anterior, por lo que también es subordinada sustantiva, complemento directo de P2. Lleva, a su vez, un CD duplicado.

10. ***Veo cómo van asentándose las cosas, conducidas de la mejor manera a su fin, que acaso sea el nuestro.***

A. Gala, *El manuscrito carmesí.*

Oración compuesta, que consta de cuatro proposiciones.

Estructura oracional:

Sujeto: *yo,* en la desinencia verbal

Predicado oracional: el resto.

Análisis, clase y función de las proposiciones.

NV

P1. Veo (yo, en la desinencia)

Pred S

Es el núcleo de subordinación o principal.

CC NV

Dt N

P2. cómo van asentándose las cosas

nx SV-Pred SN-S

Subordinada sustantiva en función de CD del verbo principal. El nexo es un adverbio interrogativo, que a la vez actúa como CC. Como las demás proposiciones van subordinadas a ésta, el CD de *veo* se extiende hasta el final de la oración.

NV SPrp-CC SPrp-CC

nx Dt MAdj N MAdj nx Dt N

P3. conducidas de la mejor manera posible a su fin (las cosas)

SV - Pred S

Subordinada adjetiva que modifica al sujeto de P2, del que forma parte. En ella se integra P4.

CC VC SN-Atr

Dt N

P4. que acaso sea el nuestro.

S SV -Pred

Subordinada adjetiva que modifica al sustantivo **fin,** por lo que forma parte del segundo complemento circunstancial de P3.

11. ***No hay quien más rico sea que el que serlo no desea.***

(refrán).

Oración formada por cuatro proposiciones.

Estructura oracional.

Sujeto: carece de él, por ser impersonal gramaticalizada.

Predicado: *No hay quien más rico sea que el que serlo no desea.*

Análisis, clase y función de las proposiciones.

CNeg NV

P1. No hay (impersonal gramaticalizada)

SV-Pred

Es la principal.

SAdj-Atr VC

MAdv N

P2. quien más rico sea

S SV-Pred

Subordinada sustantiva, complemento directo del verbo principal. De dicho CD forman parte P3 y P4, puesto que dependen de P2.

CNeg NV

Dt N

P3. que el que no desea

nx SN-S SV-Pred

Subordinada comparativa de P2, que tiene como segundo término una sustantiva con relativo. En ella se integra P4.

VC Atr

P4. serlo (el sujeto es el propio relativo de la anterior).

SV-Pred

Subordinada sustantiva en función de CD de P3.

12. ***Nunca pidas a quien tiene, sino a quien sabes que te quiere.***

(refrán)

Oración compuesta, constituida por cuatro proposiciones.

Estructura oracional.

Sujeto: *tú,* en la desinencia verbal.

Predicado: el resto.

Análisis, clase y función de las proposiciones.

SAdv-CC NV

P1. Nunca pidas (tú, en la desinencia)

SV-Pred S

Proposición principal.

NV

P2. a quien tiene

nx S Pred

Subordinada sustantiva, construida con relativo, en función de complemento indirecto del verbo principal.

SPrp-CD NV

nx N

P3. sino a quien sabes (tú)

nx SV - Pred S

Coordinada adversativa con P2, por lo que también es subordinada sustantiva, CI de P1. En ella se integra P4.

El relativo es, en realidad, el sujeto anticipado de P4, por lo que, al introducirse en P3, se comporta como un desdoblamiento personal del complemento directo que aquélla constituye.

CD NV

P4. que te quiere (el sujeto es el relativo integrado en la anterior)

nx SV - Pred

Subordinada sustantiva, complemento directo de la anterior.

13. ***No sabía exactamente si me iba adueñando de Claire con mi propia historia o era ella quien se adueñaba de mí.***

J. A. García Blázquez, *El rito.*

Se trata de una oración compuesta, con cuatro proposiciones.

Estructura oracional.

Sujeto: *yo,* en el contexto.

Predicado: el resto.

Análisis, clase y función de las proposiciones.

CNeg NV
P1. No sabía (yo, en el contexto)
SV-Pred S

Es el núcleo de subordinación.

NV SPrp-CR SPrp-CC
nx N nx Dt MAdj N
P2. si me iba adueñando de Claire con mi propia historia (yo)
nx SV - Pred S

Subordinada sustantiva, complemento directo del verbo principal.

VC Atr
P3. o si era ella (P4)
nx nx SV-Pred S

Coordinada disyuntiva con P2, es también subordinada sustantiva en función de complemento directo de la primera, junto con P4, que depende de ella.

Aunque puede haber duda, creemos más adecuado considerar que su sujeto es P4 y *ella* el atributo que al contrario.

NV SPrp-CR
nx N
P4. quien se adueñaba de mí.
S SV - Pred

Como ya hemos indicado, es una subordinada sustantiva en función de sujeto de P3.

14. ***El general Primo de Rivera, segundo marqués de Estella, hombre de trato campechano y de frecuentes arrebatos, estaba disgustado por no haber sido elegido senador.***

M. Tuñón de Lara, *La España del siglo XX.*

Oración compuesta, integrada por dos proposiciones.

Estructura oracional.

Sujeto: *El general Primo de Rivera, segundo marqués de Estella, hombre de trato campechano y de frecuentes arrebatos.*

Predicado: *estaba disgustado por no haber sido elegido senador.*

Análisis, clase y función de las proposiciones.

Dt N SN-Apos
N SN-Apos Apos
Dt N MPrp N
nx N

P1. El general Primo de Rivera, segundo marqués de Estella, hombre
SN - S

VC SAdj-Atr
SN-Apos
SN-Apos
MPrp nx MPrp
nx N MAdj nx MAdj N

de trato campechano y de frecuentes arrebatos estaba disgustado
SN - S SV -Pred

Es la proposición principal. Lo más característico de ella es el sujeto, extenso sintagma nominal en el que se incluyen una serie de aposiciones en cadena.

CNeg NV SN-CPred
P2. por no haber sido elegido senador (El general Primo de Rivera)
nx SV - Pred S

Va subordinada a la anterior y su carácter es de adverbial causal. Tiene estructura pasiva.

15. ***Madame Page entró en mi despacho cuando yo llevaba solamente unos días trabajando en la organización, y recuerdo que su presencia me produjo una sensación ambigua.***

J. A. García Blázquez, *El rito.*

Es una oración compuesta constituida por cuatro proposiciones.

Estructura oracional. Es compleja, con dos proposiciones principales coordinadas entre sí y, por tanto, dos sujetos y dos predicados oracionales.

Primer sujeto: *Madame Page.*

Primer predicado: *entró en mi despacho cuando yo llevaba solamente unos días trabajando en la organización.*

Segundo sujeto: *yo,* en la desinencia verbal.

Segundo predicado: *recuerdo que su presencia me produjo una sensación ambigua.*

Análisis, clase y función de las proposiciones.

NV SPrp-CC
N Apos nx Dt N
P1. Madame Page entró en mi despacho
SN-S SV - Pred

Es la primera proposición principal.

NV SAdv-CC CC NV SPrp-CC
Dt N nx Dt N
P2. cuando yo llevaba solamente unos días trabajando en la organización
nx S SV - Pred

Subordinada adverbial de tiempo que se incluye en el predicado de la anterior. El verbo es la perífrasis de gerundio *llevaba trabajando,* entre cuyos miembros se ha incluido el sintagma *unos días.*

NV
P3. y recuerdo (yo, en la desinencia)
nx SV-Pred S

Es la segunda principal, coordinada copulativa con P1.

CI NV SN - CD
Dt N Dt N MAdj
P4. que su presencia me produjo una sensación ambigua.
nx SN - S SV - Pred

Subordinada sustantiva, complemento directo del verbo de P3, *recuerdo.*

16. ***Yo se lo agradezco como agradece el báculo un convaleciente que, arrastrando un poquito los pies, se asoma a una ventana a ver crecer el día que lo anima a crecer.***

A. Gala, *El manuscrito carmesí.*

Se trata de una oración compuesta, con ocho proposiciones.

Estructura oracional.

Sujeto: *yo*

Predicado: el resto.

Análisis, clase y función de las proposiciones.

CI CD NV
P1. Yo se lo agradezco
S SV - Pred

Proposición principal.

NV SN-CD
Dt N Dt N
P2. como agradece el báculo un convaleciente
nx SV - Pred SN - S

Subordinada circunstancial de modo de la anterior. En realidad, este CC se extiende hasta el final de la oración, pues todas las demás proposiciones se subordinan a ésta.

NV SPrp-CC
nx Dt N
P3. que se asoma a una ventana
S SV - Pred

Subordinada adjetiva que modifica al sujeto de P2, del cual, por tanto, forma parte, junto con todas las proposiciones que siguen, que van subordinadas a P3.

NV SN-CC SN-CD
Dt N Dt N
P4. arrastrando un poquito los pies (el convaleciente,en el contexto)
SV - Pred S

Subordinada adverbial de modo de P4.

NV
P5. a ver (el convaleciente)
nx Pred S

Junto con todas las proposiciones que siguen, que dependen de ella, es una subordinada final de P4.

Dt N
P6. crecer el día
SV-Pred SN-S

Subordinada sustantiva, complemento directo de P5, junto con todas las siguientes, que se integran en ella.

CD NV
P7. que lo anima
S SV-Pred

Subordinada adjetiva que modifica al sujeto de P6, del cual forma parte junto con P8, subordinada, a su vez, a ella.

NV
P8. a crecer (el convaleciente, en el contexto)
nx SV-Pred S

Subordinada sustantiva en función de complemento regido del verbo de la anterior, *anima*. Podría entenderse, tal vez, como subordinada final, pero hemos elegido la primera opción porque el verbo *animar* pide habitualmente un complemento regido por la preposición *a*.

17. ***Si se os ha permitido entrar en nuestra casa no es para que olisquéis ni para que fisguéis, señor Zafra, sino para que atendáis mis razones, que las tengo y son muchas, y las conozco yo mejor que nadie, como vos conocéis mejor las vuestras.***

A. Gala, *El manuscrito carmesí.*

Oración compuesta, conformada por once proposiciones.

Estructura oracional.

Sujeto: es un sujeto contextual que podríamos designar mediante el pronombre «ello», referido a *entrar en nuestra casa.*

Predicado: todo lo que aparece escrito.

Análisis, clase y función de las proposiciones.

CI NV

P1. si se os ha permitido (P2)

nx SV-Pred S

Subordinada adverbial condicional respecto de P3, junto con P2, que se integra en ella.

No es impersonal, como pudiera parecer, sino pasiva refleja, y su sujeto es precisamente la segunda proposición. *Se* forma parte del verbo, como auxiliar de pasiva.

NV SPrp-CC

nx Dt N

P2. entrar en nuestra casa (vos, en la desinencia y en el contexto)

SV - Pred S

Como ha quedado dicho, es sustantiva, sujeto de P1.

CNg NV

P3. No es (ello, contextual = entrar en nuestra casa)

SV-Pred S

Es la proposición principal. El verbo *ser* no es aquí copulativo, sino que actúa como verbo vicario, es decir, una especie de verbo «comodín» en sustitución de *permitir,* que ya ha aparecido y no se lo quiere repetir.

NV

P4. para que olisquéis (vos, en la desinencia)

nx SV-Pred S

Subordinada final de la anterior.

NV

N Apos

N Apos

P5. ni para que fisguéis (vos), señor Zafra

nx nx SV-Pred SN-S

Coordinada copulativa con P4, también subordinada final de P3. El vocativo *señor Zafra* actúa como incremento aposicional del núcleo implícito del sujeto, *vos,* incremento que puede hacerse extensivo al sujeto de P4 y P6, que coincide con el de P5.

NV SN-CD

Dt N

P6. sino para que atendáis mis razones (vos)

nx nx SV - Pred S

Coordinada adversativa con P4 y P5 y, al igual que ellas, subordinada final de P3, junto con todo lo que sigue, subordinado a su vez a P6.

CD NV

P7. que las tengo (yo, en la desinencia)

nx SV-Pred S

Podría entenderse como una subordinada adjetiva de relativo, pero la presencia del CD *las* y el tono cercano a lo coloquial nos induce a considerar a *que* una conjunción que introduce una subordinada causal de P6 *(puesto que las tengo...).*

VC Atr

P8. y son muchas (las razones, en el contexto)

nx SV-Pred S

Coordinada copulativa con P7, por lo que también es subordinada causal de P6.

CD NV CC

P9. y las conozco yo mejor

nx SV-Pred S Pred

Coordinada con las dos anteriores, subordinada adverbial de causa de la sexta, junto con las proposiciones siguientes, integradas en ella.

P10. que nadie (las conoce)

nx S SV-Pred

Subordinada comparativa de la anterior. Como sucede en tantas comparativas, se han omitido los elementos que se repiten, en este caso el verbo y el complemento directo.

NV SAdv-CC SN-CD

Dt N

P11. como vos conocéis mejor las vuestras.

nx S SV - Pred

Subordinada adverbial de modo de P9.

18. *Resultaría hoy arriesgado fijar con exactitud en qué años de la posguerra empezó a quedar claro que un escritor de novela no puede aspirar al logro de una sólida reputación literaria sin manejar la lengua con pulcritud.*

I. Soldevila, *La novela española desde 1936.*

Se trata de una oración compuesta, integrada por cinco proposiciones.

Estructura oracional.

Sujeto: *fijar con exactitud en qué años de la posguerra empezó a quedar claro que un escritor de novela no puede aspirar al logro de una sólida reputación literaria sin manejar la lengua con pulcritud,* es decir, las cuatro últimas proposiciones constituyen el sujeto del verbo principal.

Predicado: *Resultaría hoy arriesgado.*

Análisis, clase y función de las proposiciones.

NV CC SAdj-CPred

P1. Resultaría hoy arriesgado (P2)

SV - Pred S

Proposición principal. Su sujeto es la segunda proposición, junto con las tres siguientes, subordinadas a su vez a ella.

NV SPrp-CC

nx N

P2. fijar con exactitud (impersonal)

SV - Pred

Como hemos dicho, es subordinada sustantiva en función de sujeto de la principal, y en ella se integran las tres siguientes. Está impersonalizada por indeterminación del sujeto.

Sprp-CC NV CPred

nx Dt N MPrp

nx Dt N

P3. en qué años de la posguerra empezó a quedar claro (P4)

SV - Pred S

Subordinada sustantiva en función de CD de P2, junto con las dos siguientes, subordinadas a su vez a ella y que actúan como su sujeto.

CNg NV SPrp-CR

Dt N MPrp nx/Dt N

nx N nx Dt

P4. que un escritor de novela no puede aspirar al logro de una

nx SN - S SV - Pred

SPrp-CR

MPrp

MAdj N MAdj

sólida reputación literaria

SV - Pred

Como ya hemos dicho, actúa como sujeto de P3, y tiene carácter de subordinada sustantiva.

NV SN-CD SPrp-CC

Dt N nx N

P5. sin manejar la lengua con pulcritud (el ecritor de novela).

nx SV - Pred S

Subordinada sustantiva en función de CC de P4. También podría considerarse adverbial de modo.

19. ***Como a Joaquina le habían recomendado su padre y su marido que se pasease, que airease y solease la sangre que iba dando al hijo que vendría, y como ellos no podían siempre acompañarla, y Antonia no gustaba de salir de casa, escoltábala Helena, su suegra.***

M. de Unamuno, *Abel Sánchez*.

Es una oración compuesta, formada por diez proposiciones.

Estructura oracional.

Sujeto: *Helena, su suegra.*

Predicado: el resto.

Análisis, clase y función de las proposiciones.

SPrp-CI CI NV SN nx SN
nx N Dt N Dt N
P1. Como a Joaquina le habían recomendado su padre y su marido
nx SV - Pred S

Subordinada causal de la principal, P10, junto con las cinco siguientes, subordinadas a ella. Hay duplicación pronominal del complemento indirecto.

NV
P2. que se pasease (Joaquina, en el contexto)
nx SV-Pred S

Subordinada sustantiva, CD de P1.

NV
P3. que airease (Joaquina)
nx SV-Pred S

Yuxtapuesta-coordinada copulativa con la anterior, también CD de P1.

NV CD
Dt N
P4. y solease la sangre (Joaquina)
nx SV - Pred S

Coordinada copulativa con P2 y P3, por lo que también es subordinada sustantiva, CD de P1. *La sangre* es también CD implícito de P3.

CD NV Sprp-CI
nx/Dt N
P5. que iba dando al hijo (Joaquina)
nx SV - Pred S

Subordinada adjetiva que modifica a *la sangre,* por lo que forma parte del CD de la anterior, junto con P6, integrada en ella.

NV
P6. que vendría
S SV-Pred

Subordinada sustantiva que modifica y forma parte del CI de la anterior.

CNg NV SAdv-CC NV CD
P7. y como ellos no podían siempre acompañarla
nx nx S SV - Pred

Coordinada copulativa con P1; por tanto, también subordinada causal de P10. El verbo es la perífrasis modal *podían acompañar,* entre cuyos miembros se ha introducido un adverbio.

CNg NV
P8. y Antonia no gustaba
nx SN-S SV-Pred

Coordinada copulativa con P7 y P1 y, al igual que ellas, subordinada adverbial de causa de la principal junto con P9, integrada en ella.

NV SPrp-CC
nx N
P9. de salir de casa (Antonia, en el contexto)
nx SV-Pred S

Subordinada sustantiva, complemento regido por *gustaba,* verbo de P8.

NV CD
N Apos
Dt N
P10. escoltábala Helena, su suegra.
SV-Pred SN-S

Es la principal, de la que dependen todas las aparecidas anteriormente.

20. ***Andrés busca ya zapatos que, por no utilizar, han desaparecido de la circulación doméstica, trajes que le vienen estrechos, cuellos de camisas que no puede cerrar.***

A. Grosso, *La zanja*.

Es una oración compuesta, formada por cinco proposiciones.

Estructura oracional.

Sujeto: *Andrés.*

Predicado: el resto.

Análisis, clase y función de las proposiciones.

```
                    NV   CC                  OD
                               SN        SN          SN
                                                  N      MPrp
                                                       nx   N
P1. Andrés   busca  ya  zapatos..., trajes..., cuellos de camisas
     SN-S                          SV - Pred
```

Es la proposición principal.

Zapatos, trajes, cuellos de camisas son tres sintagmas yuxtapuestos-coordinados que actúan como CD de *busca*. Si aparecen dispersos a lo largo de la oración, se debe a que tras cada uno de ellos se introduce una subordinada adjetiva que lo modifica . Por ello, el complemento directo de dicho verbo comienza en *zapatos* y se extiende hasta el final de la oración.

```
                  NV                       SPrp-CC
                                    nx Dt     N        MAdj
P2. que  han desaparecido   de la circulación doméstica
     S                   SV - Pred
```

Subordinada adjetiva que modifica a *zapatos*. En ella se integra la siguiente.

```
        CNg  NV
P3. por  no  utilizar  (Andrés, en el contexto)
    nx   SV-Pred          S
```

Subordinada causal de P2.

CI NV SAdj-CPred
P4. que le vienen estrechos
S SV - Pred

Subordinada adjetiva que modifica al sustantivo *trajes.*

CNg NV
P5. que no puede cerrar (Andrés, en el contexto)
nx SV-Pred S

Subordinada adjetiva. Modifica a *cuellos de camisas.*

21. ***La cosa no está muy clara, pero lo que yo intento es que la revelación del bonzo, a quien por cierto me gustaría conocer, me sirve para explicar la broma de monsieur Mathieu.***

G. Torrente Ballester, *Fragmentos de Apocalipsis.*

Es una oración compuesta, constituida por seis proposiciones.

Estructura oracional. Es compleja, puesto que hay dos principales coordinadas entre sí.

Primer sujeto: *La cosa.*

Primer predicado: *no está muy clara.*

Segundo sujeto: *lo que yo intento.*

Segundo predicado: *es que la revelación del bonzo, a quien por cierto me gustaría conocer, me sirve para explicar la broma de monsieur Mathieu.*

Análisis, clase y función de las proposiciones.

CNg VC SAdj-Atr
Dt N MAdv N
P1. La cosa no está muy clara
SN-S SV - Pred

Es la primera proposición principal.

```
                VC
P2. pero   es   (P3)
    nx    Pred   S
```

Segunda principal, coordinada adversativa con la anterior. El sujeto y el atributo de este verbo copulativo son, respectivamente, las proposiciones 3 y 4.

```
    SN-CD        NV
    Dt  N
P3. lo que   yo  intento
    Pred     S   SV-Pred
```

Subordinada sustantiva, sujeto de P2.

```
                                        CI   NV
           Dt     N        MPrp
                           nx/Dt  N
P4. que   la revelación   del bonzo    me   sirva
    nx          SN - S                  SV-Pred
```

Subordinada sustantiva en función de atributo de P2. Dicho atributo se extiende hasta el final de la oración, puesto que las proposiciones siguientes se integran en P4.

```
    SN-CD    CI    NV
    nx  N
P5. a quien  me  gustaría   conocer
       SV - Pred               S
```

Subordinada adjetiva que modifica a *bonzo,* por lo que forma parte del sujeto de P4.

```
              NV                    NV - CD
                         Dt  N            MPrp
                                   nx      N       Apos
P6. para   explicar   la broma    de   monsieur   Mathieu   (yo, en el contexto)
    nx                     SV - Pred                          S
```

Es una subordinada final respecto de P4.

22. ***Tengo que reconocer, mal que me pese, que la cuarta secuencia profética me ha dejado perplejo y me ha impedido trabajar estos dos últimos días.***

G. Torrente Ballester, *Fragmentos de Apocalipsis.*

Es una oración compuesta integrada por cinco proposiciones.

Estructura oracional.

Sujeto: *yo.*

Predicado: el resto.

Análisis, forma y función de las proposiciones.

NV

P1. Tengo que reconocer (yo, en la desinencia verbal)

SV - Pred S

Proposición principal. El verbo es una perífrasis obligativa.

CI NV

P2. mal que me pese (ello, contextual = el propio reconocimiento)

nx SV-Pred S

Subordinada adverbial concesiva de la anterior.

CD NV SAdj-CPrd

Dt Dt N MAdj

P3. que la cuarta secuencia profética me ha dejado perplejo

nx SN - S SV - Pred

Subordinada sustantiva que actúa como CD de P1.

CI NV

P4. y me ha impedido (la cuarta secuencia profética, en el contexto)

nx SV - Pred S

Coordinada copulativa con la anterior; por tanto, también es sustantiva, CD de P1, junto con la siguiente, que se integra en ella.

NV SN-CC

Dt MAdj N

P5. trabajar estos últimos días (yo, en el contexto)

SV - Pred S

Subordinada sustantiva, CD de *ha impedido,* verbo de P4.

23. ***Sobrevino un viaje, inevitable, por tierras de Andalucía, que me impidió trabajar, pues si bien es cierto que llevé conmigo la carpeta con el ánimo más dispuesto, lo es también que no me dejaron hora libre ni momento de sosiego.***

G. Torrente Ballester, *Fragmentos de Apocalipsis.*

Tenemos una oración formada por seis proposiciones.

Estructura oracional.

Sujeto: *Un viaje, inevitable, por tierras de Andalucía, que me impidió...* hasta el final de la oración, pues todo va subordinado al núcleo del mismo, *viaje.*

Predicado: *sobrevino.*

Análisis, clase y función de las proposiciones.

NV CC

Dt N MAdj nx N MPrep

nx N

P1. Sobrevino un viaje, inevitable, por tierras de Andalucía

SV-Pred SN - S

Es la proposición principal. El sujeto se ve ampliado por medio de las proposiciones siguientes que, como hemos dicho, lo modifican.

CI NV CD

P2. que me impidió trabajar

S SV - Pred

Es una subordinada adjetiva que modifica a *viaje,* antecedente del relativo *que.* En ella se integran todas las que siguen.

Atr VC CC

P3. pues lo es también (P6)

nx SV - Pred S

Subordinada causal de P2. Su nexo es *pues,* a pesar de que se intercalan las proposiciones siguientes. *Lo* se refiere anafóricamente a *cierto.*

VC Atr

P4. si bien es cierto (P5)

nx SV - Pred S

Subordinada concesiva de P3, anticipada a ella.

NV CC SN-CD SPrp-CC

nx Dt N MAdj

MAdv N

P5. que llevé conmigo la carpeta con el ánimo más dispuesto (yo)

nx SV - Pred S

Subordinada sustantiva en función de sujeto de P4.

CNg CI NV CD

SN nx SN

N MAdj N MPrp

nx N

P6. que no me dejaron hora libre ni un momento de sosiego (impers.)

nx SV - Pred

Subordinada sustantiva en función de sujeto de P3.

24. ***Al salir del pueblo anterior donde pasaron la pascua había dado orden el maestre de campo de que nadie pusiera caja grande ni colchón en los bergantines para ir más holgados.***

R. J. Sender, *La aventura equinoccial de Lope de Aguirre.*

Es una oración formada por cinco proposiciones.

Estructura oracional.

Sujeto: *el maestre de campo.*

Predicado: el resto.

Análisis, clase y función de las proposiciones.

NV SPrp-CC
nx/Dt N MAdj
P1. Al salir del pueblo anterior (ellos, en el contexto)
nx SV - Pred S

Subordinada adverbial de tiempo de P3. En ella se incluye P2.

CC NV SN-CD
Dt N
P2. donde pasaron la pascua (ellos)
SV - Pred S

Subordinada adjetiva que modifica al CC de la anterior, antecedente de *donde,* que es un adverbio relativo.

NV SN-CD
Dt N MPrp
nx N
P3. había dado orden el maestre de campo
SV - Pred SN - S

Es la proposición principal.

NV CD SPrp-CC
SN nx SN nx Dt N
N MAdj N
P4. de que nadie pusiera caja grande ni colchón en los bergantines
nx S SV - Pred

Es una subordinada sustantiva que actúa como modificador preposicional de *orden,* por lo que forma parte del CD de P3, junto con P5, que se subordina, a su vez, a ella.

NV SAdj-CPred

MAdv N

P5. para ir más holgados (ellos, en el contexto)

nx SV - Pred S

Subordinada final de P4.

25. ***Me pareció que alterar esa cifra fatídica equivaldría a deformar equívocamente el rótulo que le da sentido al grupo.***

A. González, *El grupo poético de 1927.*

Oración compuesta que encierra cinco proposiciones.

Estructura oracional.

Sujeto: *que alterar esa cifra fatídica equivladría a deformar equívocamente el rótulo que le da sentido al grupo.*

Predicado: *Me pareció.*

Análisis, clase y función de las proposiciones.

CI NV

P1. Me pareció (P2. + todas las restantes)

SV - Pred SN - S

Es la principal. Su sujeto, que obviamente es el mismo de la oración, está formado por todo lo que queda de la oración, encabezado por P2. El verbo *parecer* no es aquí atributivo, sino intransitivo.

NV

P2. que equivaldría (P3)

nx SV-Pred S

Como ya hemos dicho, es una subordinada sustantiva en función de sujeto de P1, y en ella se integran todas las demás.

NV SN - CD

Dt N MAdj

P3. alterar esa cifra fatídica (yo, en el contexto)

SV - Pred S

Es también sustantiva y actúa como sujeto de P2. Consideramos que el sujeto es *yo* porque la acción parece estar referida al propio escritor.

NV SAdv-CC SN-CD

Dt N

P4. a deformar equívocamente el rótulo

nx SV - Pred

Sustantiva en función de complemento predicativo de P2. Elegimos esta opción porque con el verbo *equivaler* parece establecerse una ecuación propia de las estructuras atributivas, aunque también podría entenderse como complemento regido por este verbo. En ella se integra la quinta.

CI NV SN-CD SPrp-CI

nx/Dt N

P5. que le da sentido al grupo.

S SV - Pred

Subordinada adjetiva que modifica al CD de la anterior, del que forma parte consiguientemente.

26. *El pícaro es una consumado especialista en conocer la argucia legal o administrativa que le permita buscarle las vueltas al asunto o negocio que lleva entre manos.*

J. Manrique de Aragón, *Peligrosidad social y picaresca.*

Es una oración compuesta, integrada por cinco proposiciones.

Estructura oracional.

Sujeto: *El pícaro.*

Predicado: el resto.

Análisis, clase y función de las proposiciones.

VC SN - Atr

Dt N Dt MAdj N

P1. El pícaro es un consumado especialista

SN-S SV - Pred

Proposición principal.

NV SN - CD

Dt N MAdj

P2. en conocer la argucia administrativa (el pícaro, en el contexto)

nx SV - Pred S

Subordinada sustantiva en función de modificador preposicional del núcleo del atributo de P1, por lo que forma parte, junto con todas las proposiciones siguientes, que se integran en ella, de dicho atributo.

CI NV

P3. que le permita

S SV-Pred

Subordinada adjetiva que modifica al CD de la anterior. En él se integra junto con todas las que siguen, subordinadas, a su vez, a ella.

NV CI SN-CD CI

Dt N SPrp nx SN

nx/Dt N N

P4. buscarle las vueltas al asunto o negocio (el pícaro)

SV - Pred S

Subordinada sustantiva que constituye, junto con P5, el complemento directo de P3. Hay duplicación pronominal del CI.

CD NV SPrp-CC

nx N

P5. que lleva entre manos (el pícaro, en el contexto)

nx SV - Pred S

Subordinada adjetiva que modifica al CD de P4, del que forma parte.

27. ***Quizá sea necesario advertir que, pese a la apariencia de uniformidad que puede desprenderse de lo que hasta ahora se ha dicho, la diversidad, partiendo de esa plataforma común que estoy intentando configurar, fue otra de las características del grupo.***

A. González, *El grupo poético de 1927.*

Oración compuesta en la que se agrupan siete proposiciones.

Estructura oracional.

Sujeto: *advertir que...* hasta el final de la oración.

Predicado: *Quizá sea necesario.*

Análisis, clase y función de las proposiciones.

SAdv-CC VC SAdj-Atr

P1. Quizá sea necesario (P2 + todas las siguientes)

SV - Pred S

Es la principal o núcleo de subordinación.

NV

P2. advertir (impersonal)

SV-Pred

Subordinada sustantiva. Es, junto con todas las siguientes, el sujeto de la principal. La consideramos impersonalizada porque el sujeto está indeterminado o generalizado.

SPrp - CC VC

nx Dt N MPrp Dt N

nx N

P3. que pese a la apariencia de uniformidad la diversidad fue

nx SV - Pred SN - S

SN - Atr

N MPrp

nx Dt N MAdj MPrp

nx/Dt N

otra de las notas características del grupo

SV - Pred

Subordinada sustantiva en función de CD de P2, junto con todo lo que sigue.

NV

P4. que puede desprenderse

S SV - Pred

Subordinada adjetiva que modifica a *apariencia de uniformidad,* por lo que es parte de ese CC de P3.

```
                  SPrp-CC       NV
         Dt  N    nx     N
P5. de   lo que   hasta ahora   se ha dicho
    nx   SN-S           SV - Pred
```

Proposición subordinada sustantiva que actúa como complemento regido por el verbo de la anterior, *desprenderse.*

```
        NV                    SPrp - CC
                 nx  Dt         N          MAdj
P6. partiendo    de  esa  plataforma    común     (la diversidad)
                     SV - Pred                          S
```

Su caracterización más adecuada parece la de subordinada adjetiva, construida con gerundio, que modifica al sujeto de P3, *la diversidad,* por lo que forma, junto con P7, parte de dicho sujeto. También podría entenderse como subordinada condicional de P2 *(si partimos...).*

```
    CD                 NV
P7. que   estoy intentando configurar   (yo, en la desinencia)
    nx           SV - Pred                S
```

Subordinada adjetiva que modifica al CC de P6, en el cual se integra. Aunque no sea una de las tipificadas, el verbo puede ser considerado como una perífrasis modal voluntativa.

28. ***Este caballero, llevado por los mejores propósitos, mandó hacer a su secretaria las copias del reglamento, pero se le olvidó enviarlas al correo, y al cabo de poco tiempo perdío la vida.***

R. Carnicer, *Las personas y las cosas.*

Se trata de una oración compuesta, formada por seis proposiciones.

Estructura oracional. Es compleja, al haber tres principales coordinadas entre sí.

Primer sujeto oracional: *Este caballero, llevado de sus mejores propósitos.*

Primer predicado oracional: *mandó a su secretaria hacer las copias del reglamento.*

Segundo sujeto: *enviarlas al correo.*

Segundo predicado: *se le olvidó.*

Tercer sujeto: *el caballero* (en el contexto).

Tercer predicado: *al cabo de poco tiempo perdió la vida.*

Análisis, clase y función de las proposiciones.

NV SPrp-CI

Dt N nx Dt N

P1. Este caballero mandó a su secretaria

SN - S SV - Pred

Primera proposición principal.

NV SPrp-CAg

nx Dt MAdj N

P2. llevado de sus mejores propósitos (el caballero)

SV - Pred S

Subordinada adjetiva que modifica al sujeto de P1, del que forma parte. Está construida con participio y es una estructura pasiva cuyo complemento agente va encabezado por la preposición *de.*

NV SN - CD

Dt N MPrp

nx/Dt N

P3. hacer las copias del reglamento (la secretaria, en el contexto).

SV - Pred S

Subordinada sustantiva en función de complemento directo de *hacer,* verbo de P1.

CI NV

P4. pero se le olvidó (P5)

nx SV-Pred S

Coordinada adversativa con P1, por lo que también es principal, segundo núcleo de subordinación.

NV CD SPrp-CC
nx/Dt N
P5. enviarlas al correo (el caballero, en el contexto)
SV - Pred S

Subordinada sustantiva en función de sujeto de P4.

SPrp-CC NV SN-CD
nx Dt N Dt N
P6. y al cabo de poco tiempo perdió la vida (el caballero).
nx SV - Pred S

Coordinada copulativa con P1 y P4, tercera principal, por tanto.

29. ***A las generaciones últimas es posible que este tratamiento de hoy les parezca la cosa más natural del mundo.***

R. Carnicer, *Las personas y las cosas.*

Oración compuesta, con dos proposiciones.

Estructura oracional.

Sujeto: *que este tratamiento de hoy les parezca la cosa más natural del mundo a las generaciones últimas.*

Predicado: *es posible.*

Análisis, clase y función de las proposiciones.

CI NV SN - CPred
Dt N MPrp Dt N MAdj
nx N MAdv N
P1. que este tratamiento de hoy les parezca la cosa más natural
nx SN - S SV - Pred

CPred SPrp - CI
MPrp nx Dt N MAdj
nx/Dt N
del mundo a las generaciones últimas.
SV - Pred

Subordinada sustantiva en función de sujeto de P2. Coincide, por tanto, con el sujeto oracional.

A efectos del propio análisis, hemos reconstruido el orden oracional, puesto que el CI *A las generaciones últimas* se había anticipado incluso a la propia conjunción, por lo que se hizo necesaria la presencia de un pronombre *–le–* que reforzara dicha función.

VC SAdj-Atr

P2. Es posible (P1)

SV-Pred S

El el núcleo de subordinación o principal.

30. ***Entonces pensé si al morir me moriría con mi odio, si se moriría conmigo o si me sobreviviría.***

M. de Unamuno, *Abel Sánchez.*

Es una oración compuesta que encierra cinco proposiciones.

Estructura oracional.

Sujeto: *yo,* en la desinencia del verbo principal.

Predicado: el resto.

Estructura, clase y función de las proposiciones.

SAdv-CC NV

P1. Entonces pensé (yo, en la desinencia)

SV - Pred S

Proposición principal.

NV SPrp-CC

nx Dt N

P2. si me moriría con mi odio (yo, en la desinencia)

nx SV - Pred S

Subordinada sustantiva, complemento directo de P1. En ella se integra la tercera.

NV

P3. al morir (yo, en el contexto)

nx Pred S

Subordinada adverbial de tiempo de P2.

NV CC

P4. si se moriría conmigo (el odio, en el contexto)

nx SV - Pred S

Yuxtapuesta, con valor de coordinación, con P2, por lo que también es sustantiva en función de CD del verbo principal.

CD NV

P5. o si me sobreviviría (el odio)

nx nx SV - Pred S

Coordinada disyuntiva con P2 y P4, también complemento directo de P1.

31. ***Aquel mismo día envió Ursúa otro destacamento, mandado por Sancho Pizarro, en una dirección distinta de la que había seguido Galeas.***

R. J. Sender, *La aventura equinoccial de Lope de Aguirre.*

Es una oración compuesta, integrada por cinco proposiciones.

Estructura oracional.

Sujeto: *Ursúa.*

Predicado: el resto.

Análisis, forma y función de las proposiciones.

SN-CC NV SN-CD SPrp-CC

Dt Dt N Dt N nx Dt N

P1. Aquel mismo día envió Ursúa otro destacamento en una dirección

SV-Pred SN-S SV - Pred

CC

MAdj

distinta

Proposición principal.

NV SPrp-CAg

nx N

P2. mandado por Sancho Pizarro (el destacamento)

SV - Pred S

Subordinada adjetiva que modifica al complemento directo de la anterior. Está construida con participio y tiene valor pasivo.

CD NV

Dt N

P3. de la que había seguido Galeas.

nx SV - Pred SN-S

Subordinada sustantiva en función de modificador preposicional del adjetivo *distinta*, integrado en el segundo CC de P1.

32. ***El niño lloraba tan débilmente que por momentos no se lo escuchaba, aunque Petrone sentía que el llanto estaba ahí, continuo, y que no tardaría en crecer otra vez.***

J. Cortázar, *La puerta condenada*.

Oración compuesta en la que se enmarcan seis proposiciones.

Estructura oracional. Es compleja, puesto que hay dos proposiciones principales coordinadas por medio de *aunque*, que en esta caso posee valor adversativo.

Primer sujeto: *El niño*.

Primer predicado: *lloraba tan débilmente que por momentos no se lo escuchaba*.

Segundo sujeto: *Petrone*.

Segundo Predicado: *sentía que el llanto estaba ahí, continuo, y que no tardaría en crecer otra vez*.

Análisis, clase y función de las proposiciones.

NV SAdv-CC

Dt N MAdv N

P1. El niño lloraba tan débilmente

SN-S SV - Pred

Primera proposición principal.

SPrp-CC CNg CD NV

Dt N

P2. que por momentos no se lo escuchaba (impersonal)

nx SV - Pred

Subordinada consecutiva respecto de P1. Es una estructura impersonal en la que la presencia de *se* implica indeterminación del sujeto.

NV

P3. aunque Petrone sentía

nx SN-S SV-Pred

Como quedó indicado, la conjunción *aunque* parece tener aquí valor adversativo, puesto que es fácilmente sustituible por *pero,* lo que hace que esta proposición vaya coordinada con la primera y sea también principal. No obstante, también podría considerarse concesiva.

VC CC SAdj-Atr

Dt N

P4. que el llanto estaba ahí, continuo,

nx SN-S SV - Pred

Subordinada sustantiva, complemento directo de P3.

CNg NV

P5. y que no tardaría (el llanto, en el contexto)

nx nx SV - Pred S

Coordinada copulativa con P4, por lo que también es sustantiva en función de CD de P3. En ella se integra P6.

NV SN-CC

Dt N

P6. en crecer otra vez (el llanto)

nx SV - Pred S

Es una subordinada sustantiva que actúa como complemento regido por *tardaría,* verbo de la anterior.

33. ***De reojo, como no quería la abuela que mirase, veía su oreja ambarina cubierta por una suave pelusa, como una caracola a la que sentía el deseo de acercar mi propia oreja, para oír su mar.***

Ana Ma. Matute, *Primera memoria.*

Es una única oración, formada por siete proposiciones.

Estructura oracional.

Sujeto: *yo,* en el contexto.

Predicado: todo lo demás.

Análisis, clase y función de las proposiciones.

SPrp-CC NV SN-CD SPrp-CC

nx N Dt N MAdj nx Dt MAdj N

P1. De reojo veía su oreja ambarina, como una suave caracola (yo)

SV - Pred S

Es la proposición principal, núcleo de subordinación.

CNg NV

Dt N

P2. como no quería la abuela

nx SV - Pred SN - S

Subordinada adverbial de modo de la anterior. En ella se integra P3.

NV

P3. que mirase (yo, en el contexto)

nx Pred S

Subordinada sustantiva en función de complemento directo de *quería,* verbo de P2.

NV SPrp-CAg

nx Dt MAdj N

P4. cubierta por una suave pelusa (la oreja, en el contexto)

SV - Pred S

Subordinada adjetiva, con participio, que modifica al CD de P1, del que forma parte por tanto.

SPrp-CI NV SN-CD

nx Dt N Dt N

P5. a la que sentía el deseo (yo, en el contexto)

SV - Pred S

Subordinada adjetiva que modifica a *caracola,* por lo que se integra en el segundo complemento circunstancial de P1, junto con P6 y P7, subordinadas, a su vez, a ella.

NV SN - CD

Dt MAdj N

P6. de acercar mi propia oreja (yo, en el contexto)

nx SV - Pred S

Subordinada sustantiva que actúa como modificador preposicional del sustantivo *deseo,* por lo que forma parte del complemento directo de P5, junto con P7, integrada en ella.

NV SN-CD

Dt N

P7. para oír su mar (yo, en el contexto)

nx SV-Pred S

Subordinada final de P6.

TEXTOS PARA ANALIZAR

1. Me senté en el suelo, junto a las mantas, y abrí la caja que contenía la comida..

A. Prieto, *Tres pisadas de hombre.*

2. Fueron llegando los seis obreros que le ayudaban en la operación de introducir el rotor.

J. López Pacheco, *Central eléctrica.*

3. No hay cosa más rica que rascarte donde te pica.

Refrán.

4. Quien nunca tuvo un apuro, no sabe lo que vale un duro.

Refrán.

5. Lo que me place, me place; que en mi gusto no manda nadie.

Refrán.

6. Si el que no trabaja no comiera, barato el trigo estuviera.

Refrán.

7. Entonces ella se retiró, tan silenciosamente como había llegado, sin tomarse siquiera el trabajo de saludarme.

E. Sábato, *Abaddón el exterminador.*

8. Si le hubiera contado aquellas cosas tan triviales, él sabría de lo que soy capaz y tendría una pista.

R. Chacel, *Memorias de Leticia Valle.*

9. Lo que para ti era un mero y ocasional encuentro, para ellos constituía tal vez un acontecimiento importante.

J. Goytisolo, *Señas de identidad.*

10. Antonio hubiera deseado volver en seguida al pueblo pero el Taranto insistió y tuvieron que acompañarle a su casa.

J. Goytisolo, *Señas de identidad.*

11. El muchacho mayor dejó de sacar punta a su vara y se echó de bruces sobre los tomillos, que crujieron levemente.

A. M. de Lera, *Las últimas banderas.*

12. El capitán ayudante, para suavizar sin duda la situación, ofreció cigarrillos a todos y siguió una pausa para liarlos.

A. M. de Lera, *Las últimas banderas.*

13. No sabían que yo fui a buscar las sogas para llevarlas a donde Borja me esperaba.

A. M. Matute, *Primera memoria.*

14. Los arcos de la logia recortaban la bruma de un cielo apenas iluminado por la luz naciente tras las montañas, donde aún dormían los carboneros.

A. M. Matute, *Primera memoria.*

15. Sólo sabía de él que el antiguo pueblo había quedado debajo del agua y que antes de que empezara la construcción de la presa, permanecía en un estado casi prehistórico.

J. López Pacheco, *Central eléctrica.*

16. La verdad es que Antonia es un desastre, se dijo con desaliento.

R. Montero, *Te trataré como a una reina.*

17. Su única y tremenda inquietud consistía en el fracaso, es decir, en que fuera Vanessa la que se aburriera.

R. Montero, *Te trataré como a una reina.*

18. Le conté que estudiaba Derecho para darle gusto a la familia, pero que la abogacía me parecía la más espesa y boba de las profesiones y que no la practicaría jamás.

M. Vargas Llosa, *La tía Julia y el escribidor.*

19. Mientras saboreaba el perfume del tabaco y degustaba el placentero fuego de la bebida, se decía que no había que preocuparse demasiado por Richard.

M. Vargas Llosa, *La tía Julia y el escribidor.*

20. Por la radio se había hablado de una operación de emergencia para despejar la autopista, pero aparte de un helicóptero que apareció brevemente al anochecer no se vieron otros aprestos.

J. Cortázar, *La autopista del Sur.*

21. Esa tarde, después de escribir una carta a su apoderado y discutir con el mayordomo una cuestión de aparcerías, volvió al libro en la tranquilidad del estudio que miraba hacia el parque de los robles.

J. Cortázar, *Continuidad de los parques.*

22. Veía el borde del abismo recortado contra un fondo de agua, y a cada tirón esperaba que surgiera la cabeza de un hombre arrancado de la muerte.

J. López Pacheco, *Central eléctrica.*

23. De vez en cuando aparecen bandadas de zancudas que se parecen a las nubes y que tienen la manía de agitar sus alas con tal velocidad que no se las ve.

A. Prieto, *Tres pisadas de hombre.*

24. Al día siguiente, Ginés dijo estar totalmente recuperado y convenció a Germán de que le dejara hacer sus tareas habituales.

M. Vázquez Montalbán, *La Rosa de Alejandría.*

25. Cruzaron la gran avenida arbolada sin advertir nada sospechoso, pero al tomar la calle de la Ese, oyeron unas roncas voces conminatorias.

A. M. de Lera, *Las últimas banderas.*

26. Carvalho siguió el camino, atravesó el dintel del portalón y llegó a un patio de tierra en el que reposaban dos tractores y un viejo jeep y correteaban dos niños rubios perseguidos por un perrillo.

M. Vázquez Montalbán, *La Rosa de Alejandría.*

27. S. estaba esperando un momento propicio para irse sin herir a Maruja, pero no pudo con su temperamento y se encontró haciendo lo que había jurado jamás hacer.

E. Sábato, *Abaddón el exterminador.*

28. Me miraba de un modo raro y me pareció que tenía los labios muy descoloridos y que me llamaba de usted, a pesar de que, cuando no estaba delante la abuela, no lo hacía nunca.

A. M. Matute, *Primera memoria.*

29. Bruno advirtió cómo Martín lo miraba con la mirada interrogativa que acostumbraba dirigirle, como si en él pudiera encerrarse la clave de ese documento cifrado que era la relación con Alejandra.

E. Sábato, *Abaddón el exterminador.*

30. Había que ver los largos, desiertos caminos donde el hombre es libre para darse cuenta de que uno no anda camino, porque en la huida no hay camino, sino rastro.

I. Aldecoa, *Con el viento solano.*

31. Supongo que el Instituto Cervantes se va a ocupar de enseñar la lengua, pero tratándose de un país como España me parece absurdo separar la enseñanza del idioma de la división de su cultura.

ABC Cultural, 4-9-92.

32. La Rocío hizo oído como si escuchara algo especial y sin decir palabra, con pasos silentes, se llegó al porche donde el Rojo tasajaba el cordero.

F. García Pavón, *El rapto de las Sabinas.*

33. Bastaba entonces una sola mirada de él para que todos callasen en el acto, cogiera cada cual su plato y terminasen de comer sin osar apenas alzar los ojos.

S. J. Arbó, *Tierras del Ebro.*

34. No estoy de acuerdo en que tengamos que subvencionar empresas que se instalen aquí cuando su única finalidad es hacer una buena operación con la venta del terreno donde están instaladas ahora.

Diario El País, 31-1-93

35. Al verlo más sereno, tomé el asunto entre manos con esa rápida eficacia que entonces me destacó, y lo convencí de que no debía extraviar el juicio, ya que su desdicha se reducía a un accidente.

M. Mújica Láinez, *El unicornio.*

36. Si en el gesto del viejo el desconocido pudo entender y aceptar una invitación a la complicidad silenciosa, el movimiento de don Galamiel fue tan elegante, tan solapado, que no le dio al cómplice la oportunidad de devolver la mirada y sellar el pacto tácito.

C. Fuentes, *La muerte de Artemio Cruz.*

37. Lo que se enseña en los cursos de doctorado, opina nuestro autor, tiene cada vez menos que ver con los conocimientos que un economista necesitará realmente en cualquier actividad profesional que no sea la estrictamente universitaria.

ABC Cultural, 24-12-92.

38. Entraron en el salón de sesiones, cuyas luces encendió el mismo Plinio, y Eufrasio, sin perder su aire importante tan súbitamente adoptado, empezó a mirar con esforzado

interés los cuadros que el maestro Francisco Carretero legó para adornar todo aquel senado municipal.

F. García Pavón, *El rapto de las Sabinas.*

39. El hecho nada tenía de extraño, y nadie hubiera reparado en ello de no haberse él esforzado tanto en disculparse, renegando del saco, del capacho y del viejo que, según él, lo había dejado todo de cualquier manera.

S. J. Arbó, *Tierras del Ebro.*

40. Duroc me ha tenido que reconocer la certeza de los rumores que afirman que el príncipe de Asturias, antes de marchar, envió algunos emisarios con orden de resistencia a toda costa y que están cumpliendo su mandato donde pueden hacerlo.

J. A. Vallejo-Nágera, *Yo, el rey.*

41. El médico de la casa de socorro confirmó el diagnóstico que el veterinario hizo a Rosario y después de tomar una serie de medidas, aconsejó que permaneciese allí hasta que fuese oportuno enviarlo a su casa.

F. García Pavón, *El rapto de las Sabinas.*

42. Serían las once de la mañana cuando entró Margarita en el corral, buscando a Justo Brambila, llorando porque su madre le había dicho después de mucho sermonearla que era una prostituta.

J. Rulfo, *El llano en llamas.*

43. A pesar de que remé con desesperación, con una fuerza que no me pertenecía después de más de cuatro días sin comer ni dormir, creo que no logré desviar la balsa ni un metro de la dirección que le imprimía la brisa.

G. García Márquez, *Relato de un náufrago.*

44. Sé que miraba tratando de asegurarme de que aún vivía, tratando de averiguar si todo aquello de la boa era realidad o tan sólo había existido en un sueño producido por la fiebre.

A. Prieto, *Tres pisadas de hombre.*

45. Ya te he dicho mil veces, y os lo he dicho a los dos desde que erais bien pequeños, que antes de tirar una cosa hay que pensárselo dos veces, porque el día de mañana puedes necesitar lo que hoy tiras.

M. Vázquez Montalbán, *La Rosa de Alejandría.*

46. Muchas noches se las pasaba allí sin dormir, esperando que el amanecer aclarase la abertura situada sobre su cabeza y tosiendo con una tos bronca y cavernosa, en que parecía que iba a desangrársele el pecho a cada instante.

S. J. Arbó, *Tierras del Ebro.*

47. Sabía que cuando me dieran el alta tendría que contarle el cuento a todo el mundo, porque, según me decían los guardias, habían llegado a la ciudad periodistas de todo el país para hacerme reportajes y tomarme fotografías.

G. García Márquez, *Relato de un náufrago.*

48. Pascual Chopo afirmó que desconocía exactamente cuánto dinero correspondía a las participaciones que se vendieron en la localidad, y aunque era consciente de que los premios no eran muy sustanciosos, se mostró muy satisfecho de que sus feligreses vayan a percibir una ayudita para pasar mejor la Navidad y permitirse algún capricho.

Diario El Mundo, 23-12-92.

49. La que servirá de trampa, debe ser una verdadera doncella, sin mácula alguna, pues si su pureza hubiera flaqueado en lo más leve, el unicornio, infalible detector de corrupciones, a cuya sensibilidad no se hurta y disimula nada, la castigará hincándole el asta filosa y dándole instantánea muerte.

M. Mújica Láinez, *El unicornio.*

50. Mi hermano tiene la costumbre de decir una cosa y hacer otra, pero dar órdenes apoyadas en amenazas a un país, y en el mismo escrito afirmar «positivamente» que ni ha mentido ni jamás se meterá en sus cosas interiores, y escribirlo en las mismas líneas, es muestra de su actual ceguera para la menor oposición a sus deseos.

J. A. Vallejo-Nágera, *Yo, el rey.*

51. El Ministerio de Defensa ha dado orden de acelerar y, en parte, aplazar los trabajos de mantenimiento del único portaaviones de que dispone la Armada Española, el Príncipe de Asturias, para que pueda zarpar en cualquier momento hacia el mar Adriático, desde donde prestaría apoyo a las tropas desplegadas en la antigua Yugoslavia.

Diario El País, 31-1-93.

52. Entonces empezaba el temor de que la puerta se abriese de pronto y las preguntas inoportunas espantasen mi recogimiento, y cuando al fin aparecía doña Luisa, hablaba un poco temerosamente y desaparecía en seguida, me quedaba después la preocupación de si habría estado poco amable con ella.

R. Chacel, *Memorias de Leticia Valle.*

53. El párroco, que lleva tres años en el cargo, explicó que nunca había tenido un excesivo interés por los sorteos de lotería, aunque había comentado con algunos vecinos la posibilidad de adquirir varios décimos para venderlos después como participaciones, que incluyeron un donativo del veinte por ciento para la parroquia.

Diario El Mundo, 23-12-92.

54. Trancurrieron varios años y cuando la experiencia me permitió ver claro, deduje que ya durante las nupcias había procurado inficionar el ánimo del dulce Raimondín, urgiéndole que averiguara la causa de mis semanales reclusiones, tal vez sugiriéndole que ellas se debían al hecho de ser yo una bruja y de consagrar esos días a la excursión hasta los dólmenes y menhires del Sabat.

M. Mújica Láinez, *El unicornio.*

55. Cuando me detenían en los nevados caminos –iba diciéndome la meretriz– y pretendían robarme los pavos reales, pues me había embadurnado tanto las manos, el rostro y el pelo que ya nadie aspiraba a servirse de mí, contenía a los vagabundos previniéndoles que habían sido comprados por la señora marquesa de Mantua, y que si me los quitaban ella se daría maña para hallar a los malhechores, pues un pavo real no es cosa que se esconde fácilmente.

M. Mújica Láinez, *Bomarzo.*

ABREVIATURAS Y SÍMBOLOS

Adj - Adjetivo
Adv - Adverbio
Apos - Aposición
Atr - Atributo
CAf - Complemento afirmativo
CAg - Complemento agente
CC - Complemento circunstancial
CD - Complemento directo
CI - Complemento indirecto
CN - Complemento nominal
CNg - Complemento negativo
Coor - Coordinación
CPred - Complemento predicativo
CR - Complemento regido
Dt - Determinante
Impers - Oración impersonal
MAdj - Modificador adjetivo
MAdv - Modificador adverbial
MPrp - Modificador preposicional

N - Núcleo
NV - Núcleo verbal
nx - Nexo
O - Oración
P1, P2,... - Proposición uno, prop. dos,...
Pr - Pronombre
Pred - Predicado
S - Sujeto
SPrp - Sintagma preposicional
Sub. Adj. - Subordinada adjetiva
Sub. Adv. - Subordinada adverbial
Sub. Sust. - Subordinada sustantiva
SN - Sintagma nominal
SV - Sintagma verbal
V - Verbo
VC - Verbo copulativo
—— - Relación coordinante
↑ - Relación subordinante